MW01709397

© 1995 Librairie de l'Inconnu éditions
84, rue du Cherche Midi 75006 Paris
Tel. : 42 22 02 16

Imprimé en France

Toute reproduction, même partielle, par quelque procédé que ce soit, constituerait une contrefaçon sanctionnée par les articles 425 et suivants du Code Pénal.

Kamina Brochka - Charly Samson

Les TAROTS à la portée de tous

L'art de lire l'avenir

Librairie de l'Inconnu
éditions

LE MONDE INFINI DES TAROTS

Pour désigner l'ensemble des traditions, des méthodes, des supports ou des "recettes" permettant aux humains de soulever le voile du futur, nous utilisons l'expression : "Les arts divinatoires".

La divination est un art qui permet de comparer "l'intuition" du voyant à "l'inspiration" de l'artiste créateur, qu'il soit musicien, peintre ou poète. Ces facultés spontanées ne sont pas suffisantes, elles doivent être cultivées, elles doivent "s'appuyer" sur des "supports". Tous les arts possèdent des règles qui évoluent, certes, mais sans lesquelles l'inspiration rencontre des limites très étroites pour s'exprimer. L'art de la divination s'exprime de différentes façons. Son instrument idéal est certainement le Tarot. Comme tout instrument, il doit être manié avec délicatesse, avec la profonde sensibilité d'un artiste qui maîtrise sa technique, la dépasse et repousse chaque jour les limites de ses possibilités.

Lorsque nous jouons avec un jeu de tarots, ou même avec un simple jeu de cartes, nous n'imaginons pas quelle richesse représentent ces petits cartons qui s'éparpillent sur la table, devant les participants. Une richesse que nous révèlent des images faites de personnages, de formes, de couleurs et de nombres; une richesse qui contient tout le symbolisme, tout le passé et tout l'avenir du monde.

Si le Tarot se présente sous la forme d'un jeu de cartes, en réalité, c'est un livre à interpréter : “le livre de la vie”. Les 22 cartes principales du Tarot représentent le chemin initiatique commun à toutes les voies initiatiques du monde entier.

Chaque carte, par ses dessins, ses couleurs, son nombre et ses symboles représente une voie initiatique, une route dont il convient d'interpréter la signification en fonction de différents éléments.

Le Tarot est l'image de tout ce qui peut arriver dans la vie d'un être : la naissance, la vie, l'amour, la mort, la souffrance, la maladie, le bonheur, etc... Puisque toute la vie de l'humanité est inscrite dans le Tarot, on peut l'utiliser pour prédire l'avenir.

Alors la connaissance du symbolisme de chaque carte ne suffit pas et c'est l'arrangement des cartes entre elles qui donne toutes les situations auxquelles peuvent avoir à faire face tous les êtres qui vivent sur notre planète. Et ces situations peuvent concerner le passé, le présent et l'avenir. Il est donc possible d'examiner des événements du passé et du présent, autant que de prédire des événements futurs.

C'est par un travail à la portée de tous que chacun peut parvenir à une analyse déductive grâce à l'interprétation des cartes et de leur arrangement entre elles. Bien sûr, tous ces symboles et ces arrangements peuvent s'interpréter de différentes façons. A cet art subtil de l'interprétation vient s'ajouter l'intervention non moins subtile de l'inspiration que nous appelons l'intuition.

DES ORIGINES MYSTERIEUSES...

Dans ces cartes que l'on appelle aussi "lames" ou "arcanes", le tarot recèle un enseignement insoupçonnable.

D'où vient cet enseignement ? Ses origines sont incertaines et multiples.

Nous savons que c'est au Moyen Age que le premier Tarot est apparu en Europe. Comment y est-il venu ? Nous ne possédons que des indices qui ont donné naissance à des hypothèses. Ce seraient, affirment certains, des Bohémiens venus d'Espagne qui auraient apporté un tarot d'origine égyptienne.

Cette origine, qui nous fait remonter à la plus haute antiquité, fait naître l'enseignement dispensé par le Tarot dans la mythologie égyptienne. Parmi ces récits et ces légendes il existe un initiateur du nom de Thot qui a été déifié. Certains textes indiquent que ce personnage venait de très loin, peut-être d'un continent disparu - Mû ou l'Atlantide - ou encore de bien plus loin dans l'Univers. C'est lui qui aurait donné aux Egyptiens un enseignement philosophique, scientifique et technique capable de transformer leur civilisation.

Il est probable que le jeu de cartes remonte à l'ancienne Egypte car des archéologues ont retrouvé des symboles du Tarot dans des vestiges de cette civilisation dont découle la nôtre.

Jusqu'en 1781 le Tarot a été considéré comme un simple jeu naïf et dénué d'intérêt. Mais cette année-là, Court de Gibelin publia un ouvrage dans lequel il affirmait que

Thot aurait conçu un livre composé de figures, de signes et de nombres. Connu sous le nom de Livre de Thot et conservé à l'origine dans les textes sacrés, cet irremplaçable outil d'initiation serait devenu le Tarot.

Plus tard, craignant l'invasion des Romains, les Egyptiens auraient dispersé leurs livres sacrés. Ils auraient confié de grands secrets aux Bohémiens, ces migrateurs qui en sont restés les dépositaires. Il est probable que bon nombre de livres sacrés furent détruits en 391 de notre ère, lors de l'incendie qui anéantit la bibliothèque d'Alexandrie. D'après Court de Gibelin, le Tarot serait le seul trésor rescapé et, s'il existe de nos jours, c'est que son apparence commune et désuète l'a mis a l'abri de la cupidité de ceux qui n'ont jamais soupçonné la richesse de son enseignement et son illustre origine.

On a prétendu également que le Tarot était arrivé en Europe lors du retour des Templiers qui avaient séjourné au Moyen-Orient au XIIIe siècle. Il est certain que les contacts des Templiers avec les grands savants de cette époque qui étaient des Arabes et des Juifs permet d'émettre cette hypothèse. D'autre part, l'Ordre du Temple représentait une élite hautement initiée qui avait eu accès en Terre Sainte à des connaissances majeures. Thot est-il à l'origine de cette avance de plusieurs siècles sur la civilisation de leur temps ?

Pour d'autres chercheurs, certains symboles et certains jeux des anciennes civilisations orientales présentent des ressemblances stupéfiantes avec les Tarots. Ces traces permettent de supposer que le Tarot peut aussi avoir ses origines en Inde, en Chine et même chez les Mayas. Plus extraordinaire encore, dans une grotte dite "préhistorique" du Magdalénien figure la représentation de "la mort" par un squelette auprès duquel sont gravés également treize encoches. Or la carte du Tarot qui porte le numéro 13 représente un squelette...

Le Tarot a pu arriver en Europe par plusieurs routes. Ce merveilleux "outil initiatique" commença à être connu peu de temps après la mort sur le bûcher du grand Maître de l'Ordre du Temple, Jacques de Molay, en 1314. L'abbé Rives indique que les premières cartes à jouer, venant d'Orient, arrivèrent en Europe par l'Espagne en 1390.

En France, c'est en 1392 que Charles Poussard, Grand Argentier du Roi Charles VI, aurait chargé un peintre de la cour de créer un jeu de cartes tiré du Tarot. Ce peintre, Jacques Gringoneur, imagina de nouvelles figurines qui furent reproduites sur parchemin. Elles coûtaient très cher. En 1423, l'invention de la gravure sur bois permit aux cartes de se répandre en Europe car le bois coûtait beaucoup moins cher que le parchemin. Les cartes devinrent alors un jeu populaire.

Le Roi Charles VII (1403-1461) s'intéressa particulièrement au jeu de cartes. Il donna l'ordre de remplacer les anciennes figurines du Tarot par d'autres "images" qu'il inventa lui-même. Il réduisit le jeu à 52 cartes réparties comme elles le sont aujourd'hui. Dans le Tarot, nous trouvons 22 lames majeures et 56 lames dites mineures. Les 4 cavaliers du Tarot furent supprimés pour réduire le jeu à 52 cartes dans lesquelles le symbolisme est toujours présent. Les trèfles du jeu de cartes correspondent aux bâtons du Tarot, les piques aux épées, les cœurs aux coupes et les carreaux aux deniers. Il ne faut pas négliger le fait que l'inspiration de Charles VII fut probablement guidée par son Grand Argentier, Jacques Cœur qui était un initié, ésotériste et alchimiste.

Charles VII ne manquait pas d'humour. Il s'amusa à donner à chaque figure, roi, dame, valet, un nom correspondant à certains personnages de la cour. Ce fut la grande joie des courtisans qui mélangeaient les cartes avant de se divertir en voyant sortir les couples.

Le valet de cœur fut appelé Lahire. Le valet de carreau devint Hector, d'après un personnage qui fut officier de Charles VII, puis capitaine de la garde de Louis XI. Le nom du valet de trèfle est Lancelot, grande figure médiévale. Le valet de pique reçut le nom d'Ogier, un héros de l'époque de Charlemagne.

Charles VII n'oublia pas Jeanne d'Arc à qui il devait son trône et lui dédia la dame de pique qu'il appela Pallas, déesse de la guerre. Argine fut le nom donné à la dame de trèfle; c'est l'anagramme de Regina (reine) et cette carte représentait Marie d'Anjou, l'épouse de Charles VII. Mais la reine de carreau appelée Rachel représentait la maîtresse du roi. Quant à la dame de cœur, elle reçut le nom de Judith, héroïne de l'antiquité, et fut dédiée soit à Isabeau de Bavière, mère de Charles VII, soit à Marguerite d'Ecosse, l'épouse de son fils.

Les rois représentent quatre grands empires : juif, grec, romain et franc. Le roi de pique c'est David, le roi de trèfle, Alexandre, le roi de carreau, César et le roi de cœur, Charles (Charlemagne).

Le trèfle, dans l'art chrétien, est un symbole de la Trinité, donc de la puissance divine. Le carreau est une sorte de pavé plat fait de terre cuite ou de pierre. Il était utilisé dans un jeu sur le sol. Le carreau correspond au quatre qui est la solidité, la puissance matérielle. Il fut choisi à la place du denier, puissance d'argent. Le pique pointu remplace l'épée. "La pique", comme l'épée, était une arme de main composée d'une hampe terminée par un fer aigu. Le pique a été ainsi appelé pour sa forme en "fer de pique". Le cœur est le centre vital de l'être humain. Il est le siège des émotions et assure la circulation du sang, comme la coupe en assurait le réceptacle.

Mais une autre interprétation paraît être complémentaire. Les piques, donc les épées, pouvaient aussi symboliser la noblesse ; les cœurs représentaient le clergé, les carreaux, les classes moyennes de la société et les trèfles, les paysans. La Révolution fit évoluer ces significations. Par exemple, les rois devinrent des génies. Le roi d'épée devint le génie des arts, le roi de trèfle, le génie de la paix, le roi de cœur, le génie de la guerre et le roi de carreau ou de deniers, la liberté et la reine d'épée ou de pique, le libre arbitre. Quant aux vertus qu'elles symbolisaient, il s'agissait de la prudence, de la justice, de la force et de la tempérance. Les valets suivirent cette évolution en représentant la force pour les épées, la richesse pour les deniers, l'intelligence pour les coupes et la force physique pour les bâtons. Ils devinrent les symboles de ces quatre forces, mais aussi de tous les héroïsmes.

Les jeux de cartes français de Charles VI et de Charles VII furent suivis d'autres jeux parmi lesquels il convient de citer le très beau Tarot de Visconti qui parut en Italie en 1415. Petit à petit d'autres modifications intervinrent qui toutes tentèrent d'harmoniser significations possibles et théories adoptées ou créées.

En 1770 Eteilla transforma le Tarot égyptien en Tarot espagnol puis en Tarot de Marseille, ainsi appelé parce qu'il fut gravé à Marseille. Puis, en 1889, fut publié le Tarot d'Oswald Wirth qui s'inspira des travaux d'ésotéristes érudits tels que Stanislas de Guaïta et Eliphas Lévi.

Nous ne citerons pas tous les autres "jeux" qui ont été lancés sur le marché depuis; ils sont trop nombreux. S'inspirant du Tarot ou du jeu de cartes, des "oracles" sont nés qui ont souvent une réelle valeur : l'oracle de Mlle Lenormand ou encore l'oracle de Belline.

Ne nous égarons pas dans ce vaste domaine des innombrables figurines dont la source d'inspiration provient du Tarot et du jeu de cartes. Commençons par nous familiariser avec ce Livre merveilleux qui est là, à la portée de tous et qui, progressivement, va nous permettre de cheminer vers la connaissance de nous-même, des autres et de leur devenir. Plus tard, nous pourrons nous intéresser aux différents "jeux" qu'il a inspirés.

LA ROUE DU DESTIN

Nous avons vu comment les lames ou arcanes mineurs du Tarot ont donné naissance au jeu de cartes. De ce fait, Tarot et cartes sont intimement liés et nous offrent une réelle complémentarité.

Les 22 arcanes majeurs symbolisent le monde des causes. Ils révèlent le caractère du consultant, ce qu'il doit faire pour évoluer et quelles sont ses principales préoccupations.

Les 56 arcanes mineurs représentent le monde des effets et donnent des indications sur l'avenir. C'est en s'inspirant de ces arcanes que le jeu de cartes a été composé.

Nous comprenons alors pour quelles raisons les cartomanciennes qui utilisent le jeu de cartes retrouvent les mêmes possibilités qu'avec le Tarot. Elles s'appuient sur leur connaissance des richesses de ce symbolisme et sur leur propre intuition.
Il est important de souligner que l'enseignement du Tarot n'est pas réservé à quelques privilégiés. **Il est à la portée de tous** et chacun peut apprendre les significations de ses multiples symboles. Celui qui s'initie aux arcanes majeurs peut entreprendre une évolution de sa propre personnalité.

Lorsqu'une personne interroge les Tarots pour une question qui la préoccupe, les cartes qu'elle choisit ne sont jamais le fait d'un quelconque hasard. Son subconscient, qui détient toute la connaissance, dirige sa main vers la carte qui la concerne. Il est surprenant d'observer qu'en recommençant son tirage plusieurs fois, elle va toujours tirer les mêmes cartes ou des cartes identiques ou complémentaires.

Les arcanes choisis par le consultant vont agir comme un miroir dans son inconscient, reflétant son image et lui dévoilant ses imperfections et ses défauts jusqu'au plus profond de son être.

Prendre conscience de ses propres défauts et des difficultés qu'il va falloir surmonter, c'est se donner la possibilité d'agir sur soi-même pour corriger ses tendances qui freinent ou bloquent une évolution positive. Alors, petit à petit, on peut se connaître suffisamment pour se maîtriser.

C'est à partir de là qu'il devient possible de commencer à connaître les autres.

Le mot TAROT peut s'écrire en forme de roue. Il peut dès lors se lire de plusieurs manières qui lui donnent des significations très symboliques.

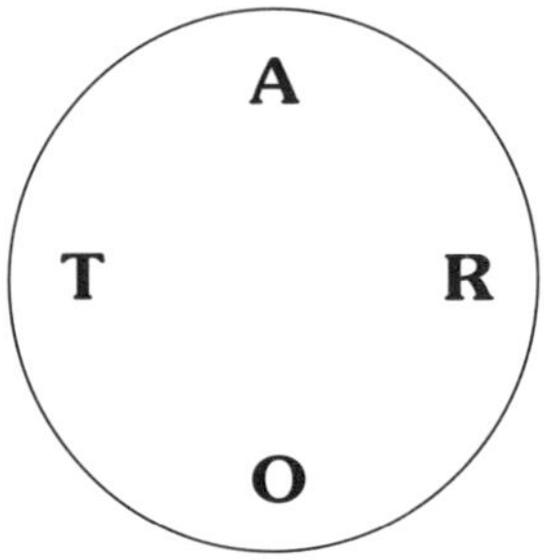

En lisant de droite à gauche, nous obtenons le mot ROTA qui signifie LA ROUE, en espagnol et en latin. Ecrit de cette façon, le mot "TAROT" ne prend qu'un T; sa cinquième lettre disparaît. Ce symbole est significatif, car il peut signifier que tout ce qui s'achève repart et que rien n'est jamais terminé. ROTA : la roue du destin et du temps qui s'écoule. Ne dit-on pas en langage populaire : « La roue tourne » ?

En lisant de gauche à droite, nous trouvons le mot TORA. Ce mot signifie TOUR en espagnol et en latin. La tour est le symbole de l'homme qui doit faire tourner la roue du destin pour l'affronter ou subir son mouvement. Il est intéressant de remarquer que le mot THORA (avec un H) désigne le livre sacré des Hébreux, ou plus exactement la loi orale reçue par Moïse sur le Mont Sinaï : la parole divine. Peut-on ne voir là qu'une coïncidence ?... Moïse était un prince d'Egypte, donc un initié. Le Tarot est entièrement imprégné d'hébraïsme.

Cette roue du destin aux origines incertaines se compose de 78 cartes qui constituent deux grandes séries. Ce sont tout d'abord les arcanes majeurs constitués par 22 cartes. Il semble que ces 22 cartes soient les plus anciennes. Oswald Wirth écrit qu'elles ont été connues par le savant moine alchimiste Raymond Lulle entre 1235 et 1315, ce qui nous ramène à l'époque du retour des Templiers de Terre Sainte. Nous avons vu que ces arcanes majeurs symbolisent le monde des causes. Pratiquement ces 22 arcanes ne devraient être consultés que par des gens expérimentés et pour des raisons importantes susceptibles de modifier le chemin de vie d'une personne. Ils sont eux-mêmes des chemins initiatiques dont les étapes peuvent être interprétées de différentes façons.

Les arcanes mineurs sont constitués de 56 cartes réparties en quatre séries de 14 cartes qui ont inspiré les créateurs du jeu de cartes. La divination par les arcanes mineurs est différente de celle qui prend pour support les arcanes majeurs. Elle correspond davantage aux événements de la vie quotidienne. L'interprétation en est beaucoup plus simple et ils peuvent être consultés fréquemment, presque au jour le jour. Ils représentent le monde des effets.

LES ARCANES MAJEURS

Leur interprétation

Les arcanes majeurs sont numérotés de 1 à 21. A ces 21 cartes s'ajoute une carte sans numéro qui peut être considérée comme représentant le 22 ou le 0. Cette figure a pour nom le **Mat** ou le **Fou**.

Il convient de vous préciser que nous indiquons chaque fois deux interprétations :" l'interprétation positive" et "l'interprétation négative". En effet, aucune des lames du tarot ne doit être considérée comme étant "bonne" ou "mauvaise". Les significations possibles de chaque lame sont multiples et ambivalentes. Elles dépendent de la place qu'elle occupe par rapport au voyant.
Celui-ci étant placé en face de la personne pour qui il interroge les tarots, selon les tirages, nous qualifierons de "positives" les lames que le voyant placera sur sa gauche et de "négatives" celles qu'il placera sur sa droite. C'est en fonction des questions posées et des situations examinées, que son intuition, éclairée par sa connaissance du symbolisme de chaque lame, lui révèlera la réponse qui convient.
Ces 22 cartes qui composent l'ensemble des arcanes majeurs sont :

Arcane 1 : Le Bateleur	Arcane 12 : Le Pendu
Arcane 2 : La Papesse	Arcane 13 : La Mort
Arcane 3 : L'Impératrice	Arcane 14 : La Tempérance
Arcane 4 : L'Empereur	Arcane 15 : Le Diable
Arcane 5 : Le Pape	Arcane 16 : La Maison-Dieu
Arcane 6 : L'Amoureux	Arcane 17 : L'Etoile
Arcane 7 : Le Chariot	Arcane 18 : La Lune
Arcane 8 : La Justice	Arcane 19 : Le Soleil
Arcane 9 : L'Ermite	Arcane 20 : Le Jugement
Arcane 10 : La Roue de Fortune	Arcane 21 : Le Monde
Arcane 11 : La Force	Arcane 0 ou 22 : Le Mat ou le Fou

LES 22 ARCANES majeurs

Arcane 1

LE BATELEUR

Le chiffre 1 qui marque le Bateleur symbolise la cause première, le départ de toutes choses. Tel un prestidigitateur, le Bateleur nous entraîne dans le tourbillon de la vie, dans cette roue qui tourne sans cesse. Il est actif, il est jeune ; c'est "le moi" appelé à créer. Mais, par ses tours, il est capable de nous cacher la réalité.

Il se tient devant une table couleur de la chair, ce qui met en évidence son caractère humain. Sur cette table sont posés des objets qui évoquent les arcanes mineurs : deniers, coupe, épée (poignard), bâton ou baguette magique qui assure son pouvoir.

Il désigne le consultant dont il peut aussi bien indiquer les qualités d'habileté et de volonté que les défauts de mensonge et d'imposture.

En totalité, comme chaque symbole, il est ambivalent, parfois positif, parfois négatif. Il nous invite à aller au-delà des apparences du chiffre 1. Il est le symbole de la vie et de la possibilité d'en contrôler les événements en puisant sa force en haut (main gauche) et en l'utilisant pour dominer les phénomènes terrestres (main droite).

Interprétation positive

(côté gauche par rapport au voyant)*

Personnage intelligent, intuitif, dynamique, habile, il est le commencement d'une nouvelle affaire dans le domaine professionnel ou d'une nouvelle proposition dans le travail. Sur le plan sentimental, il annonce une nouvelle rencontre par laquelle des satisfactions sont à prévoir puisqu'il possède tous les éléments et tous les arguments pour un renouveau.

Interprétation négative

(côté droit par rapport au voyant)**

Personnage trompeur, menteur, vendeur d'illusions et tricheur. Attention aux nouvelles connaissances. Attention aux nouvelles propositions en affaires. Les risques d'être trompé sont importants et la prudence doit être de rigueur.

* Cette interprétation influencée par la place de la carte par rapport au voyant est valable pour chaque arcane majeur.

** Cette interprétation influencée par la place de la carte par rapport au voyant est valable pour chaque arcane majeur.

Arcane 2

LA PAPESSE

Etrange personnage que cette femme assise, calme, tranquille, silencieuse, impénétrable. Elle tient dans ses mains le livre des secrets et de la sagesse ésotérique. Elle est coiffée de la tiare pontificale. Elle symbolise la femme qui détient tous les secrets du monde que personne ne peut connaître à moins qu'elle en confie les clefs. Dévoilera-t-elle ces secrets ?... Elle attend...

Cette Papesse qui semble défier les pouvoirs des hommes est l'arcane des choses cachées. Elle est l'intelligence fertile qui, patiente et intuitive, recherche la vérité. Symbole des contradictions féminines et du dualisme, elle sait allier sagesse et imagination.

Son chiffre, le 2, symbolise la dualité, l'unité qui recherche son complément ou son opposition.

Elle personnifie aussi la conciliation des contraires.

Interprétation positive

Elle annonce chez le consultant une recherche intérieure et beaucoup de réflexion avant de s'engager. Elle révèle la prudence et la patience. A ces qualités peuvent s'ajouter le sens pratique et l'objectivité ainsi que le savoir, la bonne conscience, la culture et le contrôle des émotions. Sur le plan sentimental elle peut annoncer une liaison cachée ou des amours platoniques. Elle indique aussi au consultant qu'il peut découvrir certaines choses qui lui sont cachées et qui pourront l'aider à mieux comprendre.

Interprétation négative

Le consultant risque de manquer d'objectivité dans ses jugements. Il lui sera difficile, voire impossible, d'obtenir ce qu'il souhaite car d'autres se chargent de retarder ou d'arrêter ses projets. C'est l'arcane des dissimulations et de l'hypocrisie auxquelles se joignent l'ignorance, l'égoïsme, l'avarice et la médiocrité.

Arcane 3

L'IMPERATRICE

La souveraine luxueusement habillée affiche sa force éclatante et resplendissante. Une couronne légère coiffe sa longue chevelure blonde. Elle trône et domine, gracieuse, souriante et pleine de sagesse.

Sa couronne est ornée de douze étoiles symbolisant les douze signes du zodiaque. Sa main gauche tient un sceptre qui lui confère une universelle domination, tandis que de sa main droite elle tient un bouclier orné d'un aigle symbole de son autorité.

L'Impératrice est une femme intelligente qui possède toutes les richesses de la féminité : douceur, persuasion, séduction.

Elle peut être une idéaliste, mais son ambivalence peut aussi la pousser à la vanité, à la ruse et à l'utilisation de tous les moyens pour parvenir à ses fins.

Son chiffre, le 3, symbolise la lumière, la réalisation et l'élévation spirituelle.

Interprétation positive

Intuition, intelligence, imagination alliées à l'ambition et au désir de commander et de dominer facilitent un effort de volonté capable d'entraîner la réalisation de projets matériels : aisance, abondance, richesse. Sur le plan professionnel, c'est une personne à l'esprit ouvert et généreux mais au commandement ferme. Elle prédit toutes sortes de réussites y comprises celles scolaires. Elle agit, progresse et obtient des résultats à la suite d'efforts permanents. Sa fécondité est essentiellement intellectuelle : c'est la fécondité de l'esprit.

Interprétation négative

Influence d'une femme qui n'hésite pas à utiliser des subterfuges pour satisfaire ses désirs ou ses ambitions. Difficultés possibles dans les faits de la vie quotidienne. Jeune femme quelque peu paresseuse et manquant d'imagination et de féminité. Esprit fermé à toute suggestion. Frivolité, vanité, infidélité.

Arcane 4

L'EMPEREUR

Sceptre en main, l'Empereur est assis sur son trône. De sa silhouette massive se dégage une impression de stabilité et de solidité. Il symbolise l'image du roi et du père, l'autorité et le pouvoir de l'homme. Il est dominateur et autoritaire. Sa puissance et ses succès affirment la suprématie de son intelligence dans le domaine matériel et temporel. Il est la force et la rigueur. C'est un personnage dont la fermeté de caractère peut faire un allié ou un ami très loyal mais qu'il vaut mieux ne pas avoir pour rival car il devient alors un adversaire impitoyable dans sa puissance destructrice.

L'Empereur est plongé dans une profonde méditation. Ses jambes sont croisées ce qui lui assure une protection contre les influences négatives et lui permet de conserver les forces positives.

Il ne craint pas ses ennemis. Il nous donne l'exemple de la maîtrise de soi-même tournée vers la volonté et la puissance.

Son chiffre, le 4, est le symbole de la matière et de la création. c'est le carré stable et solide sur lequel il a bâti son empire. Epoux de l'Impératrice, il règne sur la matière, alors que l'Impératrice est toute spiritualité.

Interprétation positive

Autorité, amour, volonté de créer et de dominer. Il est un protecteur rassurant. Il est aussi un bon chef d'entreprise. Sentimentalement il apporte amour et stabilité, mais sous son autorité. Avec lui, la sécurité matérielle est assurée. Il peut annoncer une carrière politique.

Interprétation négative

Autorité mêlée d'égoïsme. Entrave par tyrannie et entêtement. Mari exigeant. Se laisse aller à l'indécision et à la paresse. Une certaine faiblesse le conduit à l'inefficacité.

Arcane 5

LE PAPE

Le Pape se présente sous les traits d'un personnage jovial et serein. De sa main gauche il tient la hampe d'une croix à trois traverses qui représentent la puissance créatrice des trois mondes : divin, psychique et physique. Agé, barbu, moustachu, son visage exprime bonté et générosité.

Avec sagesse, il transmet la connaissance qu'il a acquise au fil des années, de sa main droite il bénit deux personnages jeunes qui se trouvent devant lui leur communiquant son savoir sans qu'il lui soit nécessaire de consulter un livre comme le fait la Papesse. Il est celui qui sait et qui transmet. Derrière lui se trouvent deux colonnes qui évoquent celles du temple de Salomon. L'une représente la loi qui ne peut être transgressée. L'autre symbolise le libre arbitre qui laisse à l'homme le droit d'obéir ou de désobéir.

Il s'adresse aux autres avec beaucoup d'indulgence connaissant les faiblesses de l'humanité, il est capable de résoudre les problèmes les plus graves et les plus embrouillés et cela avec beaucoup de sérénité. Son chiffre, le 5, est le symbole de l'homme qui s'inscrit dans le pentagramme, la tête dominant les quatre membres. En opposant les unes aux autres les tendances contradictoires de l'homme que nous ont révélées les quatre arcanes qui les précèdent, il constitue la quintessence capable de réaliser la conciliation des contraires.

Interprétation positive

Arcane de la transmission des connaissances il peut se rapporter à l'enseignement. C'est aussi l'arcane de la méditation et de la philosophie qui baigne dans un climat de modestie et de patience. Sur le plan familial, il annonce une bonne entente dans le noyau familial ; sur le plan professionnel, il apporte calme et sérénité. Il est écouté et apprécié.

Interprétation négative

Démesure dans la sensibilité et la générosité entraînant une faiblesse importante. Les valeurs morales et spirituelles font place aux satisfactions passagères. Risques de mauvaises intentions, de papotages, de médisance allant jusqu'à l'intolérance et au fanatisme.

Arcane 6

L'AMOUREUX

Entre deux femmes, un jeune homme est éclairé par le soleil et guetté par Cupidon. Ce jeune homme qui sort de l'adolescence vient de recevoir une initiation et il est au moment de décider de l'emploi de son savoir et de sa connaissance. C'est lui qui va devoir choisir la voie dans laquelle il va engager sa vie.

L'Amoureux ne regarde pas la femme la plus séduisante. Il regarde celle qui symbolise la vertu et lui fait entrevoir une existence de travail et de lutte, alors que l'autre l'invite aux plaisirs et jouissances de la vie. La flèche de Cupidon se prépare à l'aider dans son choix en le séparant des séductions illusoires.

C'est l'arcane de la difficulté du choix. L'homme se fait une double image de la femme : ange ou démon, inspiratrice d'amours charnelles ou d'amours platoniques.

Tout est paradoxe et antagonisme, ce qui finalement crée un équilibre.

Son chiffre, le 6, est un nombre “sexuel”, mais c’est aussi le symbole d’un choix entre le bien et le mal, d’une opposition entre le créateur et la créature dans un équilibre indéfini.

Interprétation positive

Une nouvelle possibilité est offerte, mais l’heure est à la réflexion. Attention aux erreurs possibles. Cet arcane concerne le plan professionnel comme le plan sentimental. Le consultant sera seul pour prendre des décisions devant ses épreuves, mais des possibilités valables s’offrent à lui. Il y a là l’indication de la liberté des sentiments, de la confiance et de l’harmonie. On peut y trouver tout à la fois la beauté et l’amour et le début d’une liaison.

Interprétation négative

Manque de caractère. Tendance à se laisser influencer. Hésitations devant une décision à prendre. Manque de confiance en soi entraînant l’annulation de projets réalisables. Risque de séduction dangereuse.

Arcane 7

LE
CHARIOT

L'Amoureux, devenu un homme mûr, a dominé ses ambivalences et ses conflits. Il est sur le Chariot et il avance par l'effet de sa propre volonté. Il guide son Chariot d'une main tandis que de l'autre il tient son sceptre. Protégé par une cuirasse, il incarne la vitalité, l'intelligence et la force. Il annonce le triomphe qu'il va propager par son véhicule en parcourant le monde. Il est l'action intellectuelle et spirituelle.

Ses chevaux regardent dans des directions opposées. Entre les chevaux un écusson parfois orné de deux lettres qui peuvent signifier "Sa Majesté" ou Soufre et Mercure, selon une interprétation alchimique. Le Chariot progresse, les jambes levées des chevaux confirment ce mouvement. Ces chevaux représentent des tendances opposées, le bien et le mal que l'homme doit dominer par la réflexion, la volonté et la force pour se diriger dans la bonne direction.

Son chiffre, le 7, est le chiffre des dieux, le chiffre de la transformation positive. Nous retrouvons souvent son symbolisme : 7 péchés capitaux, 7 vertus théologales, 7 sacrements, 7 branches au chandelier du temple de Jérusalem, 7 jours dans le semaine, 7 notes de musique, etc...

Interprétation positive

Le Chariot peut annoncer des voyages mais aussi des rencontres au cours d'un voyage. Le départ dans un autre lieu est toujours positif car le Chariot franchit les étapes rapidement et avec succès. Pratiquement, le consultant possède les qualités nécessaires pour faire face aux difficultés de la vie et aux adversités. Il doit prendre les décisions qui s'imposent pour organiser ses activités. Il doit veiller à son équilibre pour réaliser les buts qu'il s'est fixés. Il doit être vigilant, ne rien laisser au hasard et maîtriser son affectivité.

Interprétation négative

Risque d'agir trop rapidement, sans réfléchir et en désordre. Attention, la chute sera dure. Manque d'énergie, manque de maîtrise, perte d'énergie, mauvaises directions, surmenage exagéré.

Arcane 8

LA JUSTICE

Une femme coiffée du mortier judiciaire orné du signe solaire est assise de face sur un trône. De la main gauche elle tient une balance qui symbolise l'équilibre, tandis que sa main droite tient un glaive prêt à punir ceux qui ne respectent pas les lois. Son visage est l'expression de la détermination et de la fermeté.

La Justice est l'arcane de l'ordre et de l'organisation, celle qui coordonne et organise ce qui n'était que chaos. Tous les êtres n'existent qu'en vertu de nombreuses lois naturelles ou humaines auxquelles ils sont soumis. La Justice est rigueur et logique. Son glaive est aussi le symbole de la fatalité. Aucune violation des lois divines ne reste impunie. Il ne s'agit pas d'une vengeance mais du rétablissement de l'équilibre lorsque la balance a jugé le bien et le mal.

Son chiffre, le 8, est le symbole de l'équilibre cosmique. En mathématiques, le 8 couché est le symbole de l'infini.

Interprétation positive

Cet arcane désigne une personne réfléchie, d'un bon jugement vis-à-vis des autres et des affaires. Une grande prudence lui dicte des décisions et des actions positives. L'arcane de la Justice peut aussi se rapporter à l'intervention d'hommes de loi; par exemple par rapport à un procès ou à un divorce. Sur le plan professionnel il peut désigner une vocation vers un métier tel qu'avocat, juge, huissier, etc... En cas de procès en cours, il indique l'équité et, éventuellement, de justes indemnisations. Il indique aussi l'impossibilité de tirer un profit injuste de situations qui pourraient permettre de profiter des autres.

Interprétation négative

Prétentions et autorité abusive. Disputes, complications, désordre. Situations illégales, malhonnêtes, fausses accusations entraînant des conséquences fâcheuses. Intolérance, sectarisme, divorce.

Arcane 9

L'HERMITE

Ce personnage, dont le nom s'écrit Ermite et aussi Hermite (avec un H) pour souligner ses liens avec le tout-puissant Hermès, maître des grands initiés, nous apparaît sous l'aspect d'un homme âgé. Il est à la fois le temps et l'éternité de la sagesse.

Par prudence et par modestie, il dissimule son savoir sous un vaste manteau et, quelque peu courbé, il chemine en s'appuyant sur un bâton qui symbolise sa longue marche et son arme contre ce qu'il peut rencontrer d'erreurs et d'injustices. A hauteur de son visage, il tient une lanterne pour éclairer son chemin mais également pour signaler la lumière de la sagesse qu'il dissimule sous son manteau et qui l'illumine intérieurement. Contrairement au Pape, il ne recherche pas la foule. Il avance seul. Il est le chercheur, le philosophe qui vit dans l'ombre, toujours à la recherche du savoir. Il est le Maître, celui qui indique la direction et qui peut donner la lumière à qui s'en montre digne. Comme Diogène qui cherchait avec une lanterne, en plein midi, "un homme" dans les rues d'Athènes. L'Ermite cherche celui qui pourra comme lui parcourir la longue voie initiatique.

Son chiffre, le 9, semble être la mesure des gestations, des recherches fructueuses. Il est la récompense et l'aboutissement des efforts et l'achèvement d'une création.

Interprétation positive

C'est l'arcane de la méditation, de la réflexion. La période d'isolement sera fructueuse. Pour atteindre le but recherché, le chemin à parcourir sera long mais le résultat est certain. Sur le plan sentimental il indique un attachement sérieux et profond; cependant l'Ermite représente davantage l'isolement et le célibat. Il peut révéler un goût pour les études ésotériques. Il conseille la discrétion, la patience et la prudence.

Interprétation négative

Restrictions et austérité sur le plan financier. Les temps sont aux difficultés et des contraintes sont à prévoir. Sentiments : repli sur soi, égoïsme, isolement, timidité, manque de sociabilité, pauvreté, avarice. Dans tous les cas, ces particularités bloquent les décisions.

Arcane 10

LA ROUE DE FORTUNE

Cette Roue de Fortune, qui peut être aussi d'infortune, symbolise "la roue du destin", la roue de la vie. Le mouvement est ininterrompu et, comme l'affirme une expression populaire, "la roue tourne". Elle tourne en apportant le positif et le négatif, la joie et la douleur, le bonheur et le malheur, le bien et le mal, etc... Elle représente l'instabilité permanente et l'éternel retour sous l'œil impassible d'un sphinx immobile. Cet être figé nous rappelle que le temps défile devant lui avec tout ce qu'il entraîne de naissances et de morts successives sur tous les plans. Les animaux bizarres, qui montent et descendent de part et d'autre, s'agitent en vain, car ils ne peuvent rien changer à l'écoulement du temps qui transforme les êtres en tout ce qui constitue l'Univers. Ils participent pourtant à faire tourner la roue...

Son nombre, le 10, représente un tournant, un nouveau départ vers les dizaines après les unités. Il est plus qu'un retour aux sources, il est le mouvement et l'évolution. Il est aussi le double de 5, ce qui souligne la dualité de l'être humain.

Interprétation positive

Un mouvement subit provoquant un changement. La personne ne laisse rien au hasard. Elle lutte et prend sa vie en mains pour influencer heureusement son destin. La roue qui tourne peut atténuer les interprétations négatives des arcanes qui sont autour d'elle.

Interprétation négative

Peut concerner un tempérament joueur qui compte beaucoup sur le "hasard". Fin d'une période paisible ou heureuse, malchance. Manque de sérieux, lassitude, instabilité. Perte, faillite.

Arcane 11

LA FORCE

C'est une femme qui représente La Force et qui maîtrise, sans effort apparent, un lion dont, avec ses deux mains, elle tient la gueule ouverte. Il ne s'agit donc pas de la force physique d'un "Hercule", mais de la puissance irrésistible de la féminité, faite d'esprit, de subtilité et d'intelligence; ce qui est plus efficace que la colère et la brutalité. Le lion a été dominé et dompté. Il ne sera plus une bête féroce et malfaisante, mais il pourra être utilisé. Il n'y a donc pas lieu de tuer cet animal qui représente les forces mauvaises qui sommeillent en chacun de nous.

La sagesse a maîtrisé la force physique car elle est une force plus puissante qui domine l'orgueil, la vanité, l'égoïsme, maîtrise les impulsions négatives et ramène à la raison les instincts brutaux.
Son nombre, le 11, symbolise la lutte intérieure.

Composé du 1 et du 1, ce qui égale 2, le chiffre des oppositions et de la dualité. Le 11 symbolise également le renouvellement des cycles vitaux et de la communication des forces vitales.

Interprétation positive

Maîtrise de soi. Energie psychique. Réussite intellectuelle. Succès dans le travail. Domination dans les relations sentimentales. La Force annonce aussi le courage, la volonté, la vitalité et la disposition positive envers les autres. Par l'intelligence, les projets aboutiront à des succès. Possibilité de surmonter toutes les épreuves.

Interprétation négative

Egoïsme, orgueil, colère, violence, agressivité, cruauté. Insensibilité. Faiblesse devant les tentations. Une intervention chirurgicale est à craindre.

Arcane 12

LE PENDU

Les onze premières cartes du tarot correspondent à une initiation active. L'arcane 12 aborde un domaine différent et complémentaire : l'initiation passive ou mystique. Ce jeune homme est immobile, suspendu du pied gauche à une branche, tandis que sa jambe droite repliée derrière la gauche forme un triangle. Ses mains sont derrière son dos. Mais sont-elles liées? Ce qui est évident c'est qu'il a les yeux ouverts et qu'il est conscient de sa situation et de son environnement.

Ce personnage renonce à exalter sa propre énergie pour s'intéresser docilement et avec dévouement aux problèmes des autres. Il se livre et se dévoue pour autrui. Il se rend inactif et impuissant pour vivre dans un rêve noble qui, par dévouement aux autres, va le placer dans des situations embarrassantes. C'est l'oubli de soi.

S'il est physiquement impuissant, il dispose d'un grand pouvoir spirituel. Il est l'arcane du mysticisme et des dévotions religieuses.

Son nombre, le 12, symbolise l'Univers dans son déroulement cyclique hors du temps et dans sa complexité.

Interprétation positive

Dévouement, perfection morale, dépouillement, intense activité de l'âme, sacerdoce. Sur le plan sentimental : résignation et sacrifice. Soucis pour ce qui est matériel. Pertes et impossibilités sur le plan financier.

Interprétation négative

Utopie, illusion, rêve ou imagination hors de tout sens pratique. Projet irréalisable. Amour non partagé. Déceptions. Personne absorbée par sa passion qu'elle soit matérielle, sentimentale, politique ou religieuse. Elle est soumise corps et âme à cette tyrannie sans prendre conscience de son esclavage.

Arcane 13

LA MORT
OU ARCANE SANS NOM

Un squelette armé d'une faux illustre cet arcane qui annonce des changements importants. Il ne s'agit pas forcément de la mort physique mais d'une libération des énergies de la matière. Cette carte présente certes l'aspect périssable de l'existence, mais aussi la transformation de celle-ci dans les mondes inconnus du Paradis ou de l'Enfer.

Lors de son cheminement initiatique, le profane doit "mourir" pour renaître à une nouvelle façon d'être et de penser dans une nouvelle forme de vie. La Mort devient un fait transitoire. C'est l'arcane de la transformation et du renouvellement dans une évolution perpétuelle. Il est nécessaire que la graine meure pour que la plante pousse.

Son nombre, le 13, est par excellence le nombre de l'ambivalence : pour les uns il est un porte-bonheur et pour d'autres il annonce le malheur. Il est à interpréter comme un recommencement après l'achèvement d'un cycle.

Interprétation positive

Transformation, nouveau départ, rupture des habitudes pour vivre différemment. Changement total et rapide qui peut intervenir aussi bien sur le plan professionnel que sur le plan sentimental. Il peut également s'agir d'un divorce ou de la mort d'un amour.

Interprétation négative

Séparation éprouvante. Echec hors de la responsabilité de la personne. Transformation ou changement très lent ou interrompu. Difficultés majeures. Tristesse, deuil. Fatalité, défaites.

Cette mauvaise réputation du nombre 13 remonte à l'antiquité. Au dernier repas du Christ, les convives de la Cène étaient treize. Treize esprits du mal sont cités par la Kabbale. Dans l'Apocalypse, le treizième chapitre est celui de la Bête et de l'Antéchrist, etc...

Arcane 14

LA TEMPERANCE

Cet arcane est considéré comme le symbole de l'alchimie. La femme qui verse le liquide, contenu dans un pot qu'elle tient de la main gauche, dans un pot qu'elle tient plus bas de sa main droite, représente l'entrée de l'esprit dans la matière. Cette femme ne crée rien, son rôle se limite à transvaser un liquide ondulant sans qu'il s'en perde une seule goutte. Cette action symbolise aussi la réincarnation ou la transmigration des âmes.

La Tempérance nous rappelle l'éternelle circulation des fluides de la vie et la nécessité du difficile équilibre intérieur. L'ondulation du liquide, contraire aux lois physiques, évoque le passage sans cesse recommencé d'un monde à un autre. Ce transvasement sans fin marque avec calme et sérénité la continuité des processus vitaux et la Force (le fluide, l'énergie ou encore le magnétisme) qui se transmet d'un être à un autre. D'autre part, la Tempérance souligne la continuité qui existe entre le passé, le présent et le futur.

Son nombre, le 14, est le double de 7, le chiffre divin. Il est le symbole de la transmission du haut vers le bas.

Interprétation positive

Arcane favorable à toute communication. Les amitiés sont favorisées, les relations avec les autres sont bonnes. La modération, la sérénité et la patience créent de très bons rapports qui facilitent les entreprises professionnelles, commerciales ou matérielles. La réflexion dans le calme entraîne un manque d'ambitions. L'esprit d'union facilite les relations dans le travail et de bonnes possibilités de réussite.

Interprétation négative

Incompréhension, désaccords, conflits d'intérêts perturbent les relations avec les autres. Dépenses inconsidérées. La perte de vitalité et d'énergie entraîne un manque d'harmonie et des réactions incontrôlées et injustifiées. Sur le plan de la santé, risques de problèmes circulatoires et possibilité de contracter des maladies sérieuses ou inguérissables.

Arcane 15

LE DIABLE

Le Diable symbolise les biens matériels, l'égoïsme et la sexualité. Il incarne l'orgueil et la passion. Debout, à demi-nu sur un uniforme.Le Diable affiche sa double nature, masculine et féminine. De plus, il est à la fois homme et bête.

Il exprime la matérialité par les quatre éléments de la nature: l'eau, l'air, évoqué par des ailes de chauve-souris, la terre qui le soutient et le feu de sa tête.

L'existence de l'homme se déroule sous l'influence des combinaisons de ces forces qui le poussent à assouvir ses passions par tous les moyens. Tels les diablotins de cet arcane, les humains sont soumis à sa volonté, réduits en esclavage sous la menace de l'épée qui souligne la menace de la domination du diable.

Son nombre, le 15, correspond à la quinzième lettre de l'alphabet sémitique qui, selon Wirth, de forme circulaire, évoque le serpent qui se mord la queue; le serpent cause de la chute d'Adam.

Interprétation positive

Le Diable annonce souvent une passion amoureuse. Il peut s'agir également d'une entreprise professionnelle que le consultant tient à réaliser. Sur le plan financier il annonce une réussite intéressante, mais obtenue au détriment des autres. L'existence est vécue avec passion et les tentations de la vie sont en permanence au premier plan. Les risques sont multiples et importants pour soi-même et pour les autres si l'on cède à l'esclavage des vices et des tentations.

Interprétation négative

Soumission à la colère, à la violence et à la malhonnêteté. Echecs. Insuccès. Risque d'être dominé par les autres. Malchance, dégradation morale. Forces occultes destructrices. Obsessions matérielles et sexuelles. Désordres, dissolutions, événements désagréables, malheurs.

Arcane 16

LA
MAISON-DIEU

Cet arcane représente une tour frappée par la foudre qui en arrache le toit constitué par une couronne de pierre. Cette tour représente la construction de l'individualité humaine; elle sera ce que l'homme en aura fait. La brutalité de la foudre symbolise éloquemment le coup de semonce du destin qui propose (ou ordonne) l'abandon du chemin matériel et le début d'un chemin spirituel. L'être humain est libre de ne pas en tenir compte; mais il devra en subir les conséquences.

L'homme ne doit pas affronter les forces divines en “se bâtissant” sur les fondations de l'orgueil et de la vanité. La modestie est de rigueur et il est indispensable de tenir compte des avertissements sous peine de revenir au point de départ et d'avoir à lutter pour reconstruire. La prise en compte des expériences accumulées au fil du temps est utile pour la solidité de l'édifice.

Son nombre, le 16, est le carré de 4. Si le quatre est le symbole de la matière et de la création, le seize indique l'accomplissement de la puissance matérielle. Il indique aussi un orgueil démesuré et une volonté de puissance et de domination qui conduit à la destruction.

Interprétation positive

Un changement survient qui marque le début d'une nouvelle vie. Il est encore possible de tirer profit des erreurs accumulées aussi bien sur le plan sentimental que sur le plan professionnel. Rejet de valeurs et d'idées dépassées.

Interprétation négative

Conflit provoquant des ruptures qui peuvent être conjugales, sentimentales ou professionnelles. Risque de perte de situation. Des problèmes matériels et financiers sont à prévoir qui entraînent catastrophiquement dans une chute difficile à surmonter. Il y a un risque d'incapacité à réaliser les changements indispensables par un manque de dynamisme pour se débarrasser d'habitudes négatives. Régression, instabilité, difficulté d'évolution.

Arcane 17

L'ETOILE

Cet arcane est celui de la réceptivité, de l'inspiration venant "d'ailleurs". L'être ne doit pas se contenter de sa vie étroite et limitée à des sensations et à ses émotions. Un inconnu l'enveloppe qui peut lui dispenser une grande richesse.

Une jeune femme nue verse sur la terre aride une eau bienfaisante qui va faire apparaître et se développer la végétation. Cette végétation et le papillon qu'elle attire symbolisent des événements nouveaux et positifs. Huit étoiles brillent au-dessus de cette scène et parmi elles la plus grosse est Vénus. Ces étoiles rappellent l'arcane huit, la Justice, qui symbolise l'équilibre, la stabilité et l'intelligence coordonnant l'équilibre de l'Univers. Les rayons des étoiles sont source de clarté. Ils apportent à l'esprit la lumière, l'espoir, l'harmonie et l'amour.

Son nombre, le 17, évoque la renaissance, la mutation. Dans la nuit, le sommeil nous fait connaître une vie différente de l'âme et de l'esprit tandis que notre corps fonctionne mécaniquement. La sensibilité se nourrit de ces contacts entre deux mondes.

Interprétation positive

L'étoile est l'arcane des sensibilités artistiques et créatrices. Elle révèle la sensibilité du consultant et sa grande réceptivité. Elle annonce des réussites dans le domaine des arts et des améliorations dans tous les autres domaines. Même les problèmes matériels et financiers connaissent cette amélioration. En amour, elle est annonciatrice de sentiments profonds et sincères et de la réalisation de désirs affectifs. Réussite et bien-être. Les efforts vont être récompensés.

Interprétation négative

Candeur, naïveté et ignorance. Instabilité et insatisfaction. Difficultés sentimentales et déceptions. Le pouvoir de séduction peut entraîner à utiliser ses charmes pour faire face aux difficultés matérielles.

Arcane 18

LA LUNE

Sous l'aspect d'un visage de femme, la Lune diffuse ses influences sur la terre. Elle invite à la rêverie et aux illusions ouvrant une porte sur l'infini. Faussement lumi-neuse, elle n'est que le reflet de la lumière du soleil. Ses différentes formes symbolisent la périodicité mais aussi le renouvellement.

La lumière incertaine qui vient de la Lune ne permet pas de voir distinctement les formes et les couleurs. De même, notre lucidité peut être obscurcie par notre imagination qui, tels les reflets de la lune, peut avoir un effet illusoire, créant un jeu d'optique mental où se mêlent le bien et le mal. L'être doit garder une appréciation nette et réaliste s'il ne veut pas être entraîné vers le néant.

Les chiens sont les gardiens de l'imagination égarée et les Cerbères qui ne laissent pas passer toutes les mauvaises influences. L'écrevisse se prépare à dévorer tout ce qui est corrompu et sa marche négative symbolise les regrets du passé.

Son nombre, le 18 = 10 + 8. 10 : le tournant, le mouvement, l'évolution. 8 : l'équilibre cosmique et symbole de l'infini vers lequel la Lune et l'imagination qu'elle crée ont tendance à nous entraîner.

Interprétation positive

Professionnellement il est nécessaire de faire intervenir l'imagination et la création. Période de préparation. Les naissances sont favorisées. Annonce d'une grossesse. L'argent sera bien gardé et même caché. Attention aux incertitudes et au manque de confiance en soi.

Interprétation négative

Erreurs causées par de fausses imaginations. Pièges, hypocrisie, découverte de tromperies. Influences négatives, dangers. Divulgation fâcheuse de secrets intimes. Changements d'humeurs, lubies, fausses idées.

Arcane 19

LE SOLEIL

Le Soleil brille de tous ses rayons au-dessus d'un couple de jeunes gens. Ces enfants ont une attitude paisible, affectueuse et heureuse. La lumière solaire est éclatante, bien différente de la pâle clarté de la lune. Elle régénère les esprits, révèle la réalité des choses et souligne le bonheur de celui qui est en accord avec la nature. Le mur des épreuves individuelles a été franchi. Il faut alors commencer à mieux se connaître soi-même pour parvenir au couple sacralisé et à la paix dans la société. Les deux personnages ne représentent pas que le couple; ils symbolisent toute l'humanité librement associée pour un travail constructif. Ils sont également l'image de la synthèse et de la fraternité en rapport avec le Soleil qui dédouble les êtres en leur créant une ombre.

Son nombre, le 19, symbolise le tournant après l'aboutissement des efforts et l'achèvement d'une création. Le 10 (5 + 5) tend dans cet arcane à l'harmonisation dans la dualité de l'être humain.

Interprétation positive

Cet arcane, porteur de chance, symbolise les unions parfaites sur le plan sentimental et sur le plan professionnel, ainsi que les associations harmonieuses et réussies. Régénération après une période d'épreuves suivie de lendemains rayonnants. Union sincère, joie, famille unie. Expression heureuse des talents littéraires ou artistiques. Félicité conjugale. Echanges fructueux. Bons rapports, succès et satisfactions.

Interprétation négative

Apparence trompeuse et éblouissement superficiels. Vanité et besoin d'être admiré. Frustration. Séparation et solitude. Manque de réussite au cours de l'existence et possibilité de reconnaissance des qualités et mérites à titre posthume. Insatisfaction par l'action de forces opposées.

Arcane 20

LE JUGEMENT

L'arcane du Jugement est celui de la résurrection, du réveil à la vie. Après avoir libéré sa conscience, l'être humain va vivre dans un monde nouveau. L'ange ailé qui souffle dans une trompette évoque le Jugement dernier et la résurrection des corps. Un personnage vu de dos sort d'un sépulcre devant une femme et un homme âgé.

Les ailes et les mains de l'ange sont de couleur chair, ce qui indique qu'il est fait de la même matière que les hommes et que ceux-ci peuvent acquérir les ailes de la spiritualité. C'est le moment de rendre des comptes devant l'Esprit unificateur qui pénètre et sublime la matière. L'initiation permet à la nature humaine de se "diviniser" et d'approcher ainsi de la perfection divine.

Son nombre, le 20, représente le grand tournant (2 fois le nombre 10) qui libère l'être humain de la vie matérielle et le fait naître à la lumière de la vie spirituelle.

Interprétation positive

Prise de conscience soudaine. Evénement imprévu et positif. Inspiration et intelligence. Eveil à la vie spirituelle. Eveil à la voyance. Jugement équitable. Possibilité de soulager les maux et de guérir des maladies. Rencontre inattendue. Liberté. Mission à accomplir. Solution favorable d'un problème délicat. Ouverture vers l'ésotérisme. Divination, prophétisme, clairvoyance, talents littéraires et artistiques. Rétablissement de la santé physique, morale et intellectuelle.

Interprétation négative

Ivresse spirituelle, illuminisme. Conscience obscurcie. Blocages. Agitation et surexcitation inutiles. Renommée tapageuse et étourdissante. Diminution du sens critique.

Arcane 21

LE MONDE

L'arcane 21 a une valeur de synthèse suprême car il permet de construire le Tarot en sept séries de trois arcanes ou trois séries de sept arcanes. Il est l'aboutis-sement, le couronnement de l'œuvre, l'illumination. Il correspond à tout ce qui est manifesté. Le monde est le résultat de l'action créatrice permanente. Les lauriers sont le symbole de la gloire et de la victoire.

Le monde révélé est constitué par quatre éléments représentés par les quatre évangélistes. Le taureau de saint Luc pour la terre, le lion de saint Marc pour le feu, l'aigle de saint Jean pour l'eau, l'ange de saint Mathieu pour l'air. La femme qui est au centre devient la quintessence résultant des quatre éléments qui sauvegardent sa vie et son évolution. Cet arcane résume la création; il est le plus favorable du Tarot.

Son nombre, le 21, est celui de la perfection qui symbolise la sagesse divine. C'est aussi celui de l'être humain libre et autonome qui peut choisir entre le bien et le mal. Ce nombre de la responsabilité a été choisi par beaucoup de peuples pour être l'âge de la majorité.

Interprétation positive

Les projets les plus ambitieux sont appelés à réussir et cela dans tous les domaines. Reconnaissance publique et événements imprévus favorables et bénéfiques. Dans le domaine affectif, tous les espoirs sont permis et réalisables; la réussite est certaine dans l'harmonie et l'équilibre. Triomphe des activités en relation avec le public. Rentrées d'argent favorisées. Maladies surmontées.

Interprétation négative

Obstacles insurmontables. Tout se retourne contre le consultant. Echecs répétés. Les amitiés se révèlent hypocrites. Désillusions. Volonté réduite entraînant une inactivité stérile et ruineuse.

Arcane sans numéro

LE MAT OU LE FOU

Cet arcane peut être considéré comme la fin d'un cycle et le point de départ d'un autre cycle. C'est l'arcane le plus mystérieux et le plus inquiétant qui se place hors du jeu, hors du cheminement habituel. L'homme marche tel un vagabond, indifférent à l'animal qui s'agrippe à sa jambe, indifférent à tout; même à son pantalon qui est déchiré. Il marche, appuyé sur son bâton, son baluchon sur l'épaule. Il marche comme quelqu'un qui sait où il va et qui ne se laisse pas distraire; il avance... mais vers quoi ? Vers qui ? Symbolise-t-il l'être humain qui passe à côté de la connaissance divine ou celui qui ne peut plus être compris car il a dépassé le cycle dans lequel nous sommes ? En le voyant passer les gens disent : *« C'est un Maître ».*

L'absence de nombre, c'est le vide, l'intense présence dépassée, le savoir suprême qui est pris pour ignorance. Zéro ou vingt-deux ? Pour lui c'est un retour à zéro puisqu'il est en marche vers un nouveau cycle. Il n'a pu entreprendre cette marche que parce qu'il avait dépassé la plénitude du vingt et un.

Interprétation positive

Cette interprétation intervient rarement dans les domaines de la vie quotidienne. Le Fou dépasse notre compréhension. Il représente l'irrationnel qui pour nombre de gens correspond à l'absurde, au vide et au néant.

Interprétation négative

Cet arcane annonce une période de flottements et d'incertitudes. Illusions sentimentales. Départs incertains dans différents domaines. Un mauvais jugement et une irresponsabilité risquent de vouer les projets à l'échec. Impossibilité de reconnaître ses erreurs. Entêtement absurde. L'intuition irraisonnée dirige l'action et la passion neutralise la réflexion. Influences des forces occultes et des intérêts des autres. Irresponsabilité face aux instincts les plus destructeurs.

LES ARCANES MINEURS

Roi de Bâton

Valet de Bâton

Reine de Bâton

LES BÂTONS

Les Bâtons correspondent aux Trèfles du jeu de cartes. Dans l'art chrétien, le Trèfle est le symbole de la puissance divine et de la Trinité. Nous retrouvons ce symbole dans la crosse de l'évêque et dans le sceptre du roi.

Le Bâton, qui peut soutenir la marche, peut aussi être une arme. Il est également le tuteur sur lequel s'appuie le disciple pour suivre les conseils du Maître.

Cavalier de Bâton

Il existe un lien entre le symbolisme du Bâton et le symbolisme du Feu. Il est le point de départ nécessaire à toute évolution, il est “le feu” de l'action. Il participe à la fertilité et à la régénération.

Le Bâton symbolise le domaine des ambitions, des intérêts et des progrès matériels. Il révèle l'esprit créateur, les réussites, le travail, la force physique, les initiatives et les décisions. Il peut aussi symboliser l'humilité et la modération.

Ce sont les cartes qui l'accompagnent qui déterminent s'il s'agit du domaine professionnel, financier, sentimental ou familial.

LES ÉPÉES

Les Epées correspondent aux piques du jeu de carte. La “pique”, pointue comme l’épée, était une arme de main composée d’une hampe terminée par un fer aigu. Le pique est ainsi appelé pour sa forme en “fer de pique”.

L’épée est souvent associée à la Balance et à la Justice ; tranchante, elle sépare le bien du mal et frappe le coupable. C'est aussi le symbole de la lumière et de l’éclair. Elle est le feu qui “fend” l’air.

Elle est en rapport avec le dragon : la trempe de l'épée symbolise le mariage de l'eau et du feu.

L'épée est le symbole du pouvoir par la conquête de la connaissance. En général les épées ne symbolisent pas le domaine des sentiments, mais plutôt les épreuves et les activités.

Ce sont les cartes qui l'accompagnent qui déterminent s'il s'agit du domaine professionnel, financier, sentimental ou familial.

LES COUPES

Les coupes correspondent aux cœurs de jeu de cartes. Le symbolisme le plus répandu de la coupe se rapporte au Graal du Moyen Age qui est le récipient dans lequel fut recueilli le sang du Christ. Le Graal, donc la coupe, contient à la fois la tradition perdue, et pas encore retrouvée, et le breuvage d'immortalité.

La coupe contenant le principe de vie qui est le sang devient, en toute logique, comparable au

cœur humain. Ce cœur dont toutes les civilisations ont fait le réceptacle de l'intelligence est devenu en Occident le siège des sentiments. En Egypte, les hiéroglyphes désignaient le cœur par le dessin d'un vase.

L'élément auquel correspond la coupe est l'eau qui peut symboliser les attirances et les instincts. La coupe représente les sentiments, la sensibilité et l'affectivité. Les cartes qui l'accompagnent précisent les significations de chaque arcane dans la série des coupes.

LES DENIERS

Les deniers correspondent aux carreaux du jeu de cartes. Le denier est une ancienne monnaie romaine. Il fut aussi une monnaie française qui représentait le douzième du sou. D'après Oswald Wirth, le denier est un disque pentaculaire qui symbolise l'appui et la volonté, la matière qui condense l'action spirituelle.

Dans un jeu qui se pratiquait sur le sol, donc sur la terre, le carreau était une sorte de pavé plat fait

de pierre ou encore de terre cuite. L'élément auquel correspond le denier est la terre. Le carreau qui contient le chiffre quatre correspond à la solidité et à la puissance matérielle. Le denier (aujourd'hui l'argent, dans le sens de monnaie) confère cette puissance matérielle.

Symboliquement, le chemin initiatique commence par la descente sous terre, par l'entrée dans la caverne donnant à l'être humain un appui solide dans le monde qui est le sien.

LES ARCANES MINEURS

Leur interprétation

Les arcanes mineurs comprennent quatre séries qui ont pour noms : Bâtons, Coupes, Epées, Deniers.

Chaque série se compose de quatorze cartes : Roi, Dame, Cavalier, Valet et dix cartes numérotées de l'as au dix.

Le jeu de cartes, nous l'avons vu, est directement inspiré des arcanes mineurs du Tarot. La correspondance entre arcanes mineurs et cartes est l'objet de plusieurs interprétations.

Les Bâtons correspondent aux Trèfles, les Epées aux Piques, les Coupes aux Cœurs et les Deniers aux Carreaux. Dans notre chapitre sur “les origines mystérieuses du Tarot”, nous avons examiné ces correspondances. Il convient cependant de signaler qu'il existe une autre interprétation qui fait correspondre les Bâtons aux Carreaux et les Deniers aux Trèfles.

Dans le jeu de cartes, les cavaliers ont été supprimés.

Les arcanes ont un lien étroit avec les arcanes majeurs. Pour le souligner, le premier arcane majeur, le Bateleur, nous présente les symboles des arcanes mineurs : il tient dans ses mains un BATON, la COUPE et l'EPEE (transformée en poignard) sont posées sur sa table ainsi que le DENIER.

Nous allons examiner les possibilités d'interprétation des 56 arcanes mineurs.

AS
DE BATON

Une main tient une branche qui se trouve entourée d'une pluie de petites feuilles. La main symbolise la raison, le bâton, l'activité et le commandement, les feuilles, semblables à des flammes, les énergies distribuées.

Cette carte représente une forte énergie, les événements créateurs, les naissances ou renaissances, la réussite dans les affaires, le succès sentimental. Elle est très favorable. Elle annonce qu'il sera possible de triompher de toutes les épreuves. Dans certains cas elle prédit aussi de fortes rentrées d'argent.

* Près du neuf ou du dix de bâton : réussite et succès éclatant. Près de l'As d'épée : démarche pour une somme d'argent. Près du Roi d'épée et suivie du Roi de deniers (qui ensemble représentent la justice) : le jugement sera entièrement en votre faveur.

* Tirage sur les arcanes majeurs :
Sur la Justice (arcane 8) : procès gagné.

Sur le Bateleur (1) : très bon départ qui promet des succès.

Sur l'Empereur (4) : vous possédez des pouvoirs accrus; expansion et puissance.

Sur le Chariot (7) : des voyages d'affaires sont à envisager qui apporteront une superbe réussite.

Cet arcane dégage une énergie positive. Il est capable de neutraliser les cartes négatives.

DEUX
DE BATON

Les deux bâtons croisés indiquent la dualité et la difficulté des choix. Les hésitations entraînent des problèmes.

Cette carte annonce l'existence de malentendus de pensées troubles. Elle révèle aussi l'hypocrisie et les désaccords financiers ou sentimentaux. Comportement aux conséquences défavorables. Entêtement qui peut entraîner des ennuis. Période de mélancolie. Difficultés imprévues. Fortes contrariétés et disputes sont à craindre dans le domaine sentimental ou affectif. Des fatalités ne permettent pas de maîtriser les situations financière et professionnelle.

* Si cette carte se trouve environnée d'épées ou de deniers, les ennuis seront professionnels ou financiers. Près des coupes, ils concerneront les sentiments. Au contraire, près de l'As, du neuf ou du dix de bâton : les difficultés trouveront une solution plus ou moins rapide et favorable.

* Tirage sur les arcanes majeurs :
Sur le Diable 15 : votre entourage mettra tout en œuvre pour vous détruire. Attendez-vous à des escroqueries et à des tromperies.

Sur la Justice (8) : procès perdus. Conclusions défavorables.

Sur la Papesse (2) : des choses importantes vous seront cachées, soyez vigilant.

Cette carte est généralement négative, mais les cartes qui l'entourent peuvent atténuer cette tendance.

TROIS DE BATON

Les deux bâtons qui se croisent par le centre sont soutenus par un troisième bâton. Celui-ci leur donne une force de décision qui fait entreprendre des actions aux résultats favorables. Les idées créatrices et le désir d'entreprendre avec bon sens donnent de bons résultats dans le domaine du commerce. La chance permet de réaliser des résultats financiers satisfaisants. L'entente et l'harmonie règnent dans les relations affectives, les sentiments et le foyer. Une bonne entente se développe dans les relations professionnelles.

* Près du huit d'épée : rétablissement après une maladie ou redressement après des difficultés. Près d'une carte qui représente un danger, par exemple le deux d'épée, le six d'épée ou le neuf d'épée : efficacité pour conjurer ou neutraliser ce danger et surmonter leurs obstacles.

* Tirage sur les arcanes majeurs :
Sur l'Etoile (17) : création artistique. Réussite dans le domaine des arts.

Sur le Jugement (20) : les événements inattendus surviendront en votre faveur.

Le 17 et le 20 peuvent vous amener à prendre conscience ou à développer des dons de voyance.

Sur l'Impératrice (3) : pouvoirs de séduction favorables dans les domaines sentimental et professionnel.

Cette carte est favorable. Elle donne aux arcanes négatifs la possibilité de sortir des situations pénibles par une action créatrice.

QUATRE DE BATON

Par le croisement des quatre bâtons on obtient une solidité qui se fera ressentir dans les affaires comme dans le foyer. C'est l'arcane de l'intelligence et du psychisme qui réalisent les constructions positives. Stabilité économique dans des changements satisfaisants. L'aide des relations et connaissances s'exerce sur le plan financier et crée la sécurité matérielle. L'équilibre psychique permet la maîtrise de toutes les situations dont les difficultés devront être abordées avec autorité.

* Près des épées, cette carte résout les problèmes qui peuvent surgir. Près des bâtons : les succès sont en général garantis. Près des coupes ou des deniers, c'est toujours l'intelligence qui apporte l'équilibre et la solidité sentimentale (coupes) ou financière (deniers).

* Tirage sur les arcanes majeurs :
Sur le Pape (5) : la sagesse, l'intelligence et l'expérience facilitent à tous les niveaux les relations avec les autres et un rayonnement positif sur la société.

Sur la Justice (8) : promesse d'une carrière publique brillante qui peut toucher aux professions juridiques. Le 8 et le 5 annoncent la réussite dans une carrière politique.

Cette carte se situe sur un plan intellectuel. L'intelligence permet des initiatives de grande envergure, elle concilie harmonieusement la vie sentimentale et la vie professionnelle.

CINQ
DE BATON

Nous retrouvons le croisement des quatre bâtons avec en plus un cinquième bâton qui vient les renforcer. Cet arcane apporte à la personne intéressée un caractère et une façon d'agir qui ne laissent pas de place pour les sentiments. Seule la réussite compte et ni rien ni personne ne peut la détourner du but à atteindre. Réussite et domination économique. L'intelligence et l'activité intense déclenchent des résultats positifs dans vos entreprises professionnelles. Toutes les relations, y compris les relations sentimentales, sont dominées par les intérêts et les profits.

* Près des coupes qui symbolisent les sentiments nous découvrons un personnage capable de jalousie et d'égoïsme qui ne s'intéresse qu'à recevoir et jamais à donner.

Cependant, près du Roi d'épée, cette carte annonce des difficultés qui ne sont pas avantageuses pour le consultant. Près du Roi de deniers et du Roi d'épée, séparation sentimentale ou divorce.

* Tirage sur les arcanes majeurs :
Sur la Roue de la Fortune (10) : l'intelligence et la prise de conscience des problèmes sont immédiatement neutralisées.

Sur l'Impératrice (3) : les sentiments sont remplis d'intérêts et d'égoïsme.

Sur le Pendu (12) : difficultés créées par des événements reliés au passé, susceptibles d'entraîner une perte financière.

Cette carte est celle des biens matériels et de l'abondance au détriment des autres.

SIX DE BATON

Le croisement des bâtons se fait encore par le centre et le ternaire présenté deux fois désigne un choix. Cet entrelacement promet des affaires embrouillées, avec des épreuves et des déceptions tant sur le plan professionnel que sentimental. Indécisions, blocages, malentendus, retards sont à prévoir. Il est nécessaire d'atténuer son arrogance et de limiter ses ambitions pour avoir une ouverture sur une possible réussite. Risques de difficultés, d'échecs et de sacrifices. La vie sentimentale est perturbée par des contrariétés et des déceptions. Les problèmes de santé s'aggravent.

* Près de l'As d'épée : indécision accompagnant des démarches ennuyeuses. Près du huit d'épée : maladie avec gros risques de complications. Près du Roi d'épée et du Roi de deniers : affaires en justice difficiles à démêler. Si le huit et le neuf d'épée sont dans le jeu : affaire d'héritage où se

mêlent malentendus et mesquineries. Près du huit, du neuf ou du dix de coupe : préoccupations sentimentales, suite à des incompréhensions.

* Tirage sur les arcanes majeurs :
Sur le Pendu (12) : les événements du passé et de l'extérieur créent une période de blocage au cours de laquelle tous les événements seront subis. Annonce de pertes financières.

Sur le Squelette (13) : renaissance totale avec un changement important après les épreuves.

Sur l'Ermite (9) : la période d'épreuves et de solitude sera longue.

Cette carte est celle des complications et des situations embrouillées. Elle incite à la prudence. L'issue n'est pas forcément défavorable.

SEPT
DE BATON

Un septième bâton se trouve au centre du même croisement pour le renforcer. Promesse de chance, de succès et de réalisation des projets. Les sentiments sont favorisés ainsi que la bonne entente affective et l'harmonie dans les relations avec les autres. La force du septième bâton génère l'énergie fertile autant sur le plan physique que sur le plan intellectuel et permet de trouver une issue favorable aux problèmes qu'ils soient matériels ou affectifs.

* Près des coupes, cette force concerne les sentiments. Près du dix de deniers : un voyage est à prévoir. Près des épées : les préoccupations touchent le domaine du travail. Près des bâtons : domaine des finances. Près du neuf de bâton et du sept de deniers : annonce d'un événement important pour un avenir prochain.

* Tirage sur les arcanes majeurs :
Sur le Chariot (7) : annonce d'un voyage important, peut-être à l'étranger.

Sur le Soleil (19) : projet d'union ou de mariage.

Sur le Monde (21) : promesse d'une réussite éclatante dans le domaine professionnel.

Sur l'Etoile (17) : triomphe dans une carrière artistique.

Cette carte est celle des pensées fertiles, des idées géniales et de l'ouverture de la route qui mène au succès et aux gains.

HUIT DE BATON

Le huit de bâton présente encore un entrelacement de bâtons central. Cet équilibre crée une dualité qui affaiblit la stabilité. Cet arcane représente symboliquement une adolescente avec toutes les perturbations de cette période de la vie. Un flottement et une incompréhension caractérisent les relations familiales, sentimentales et amicales. L'instabilité contrarie les projets d'avenir. Risques de soucis financiers. Le manque de prévoyance et de lucidité peuvent être la cause de nouveaux problèmes tant sur le plan professionnel que sentimental.

* Près du cinq de bâton : votre enfant connaîtra une réussite matérielle, mais ne sera intéressé que par une situation qui lui permettra de dominer les autres. Près du dix ou de l'As de bâton : brillante réussite dans les études et réussite dans la vie. Près du Valet de coupe : début d'une relation sentimentale qui se développera.

* Tirage sur les arcanes majeurs :
Sur la Maison-Dieu (16) : matériellement et professionnellement, c'est une situation qui s'écroule. Pour une adolescente, promesse d'actions caractérielles pouvant mener à l'autodestruction.

Sur la Papesse (2) : une période de réflexion pourra permettre de résoudre les problèmes. Pour une adolescente, désir de poursuivre des études et de se cultiver.

Sur le Pendu (12) : période de blocage. Pour une adolescente, dévouement excessif envers les autres provoquant des situations embarrassantes.

Cette carte ne favorise pas les relations familiales et sociales. Elle révèle incertitude et instabilité.

NEUF DE BATON

Nous retrouvons l'entrelacement du huit de bâton, mais soutenu pas un neuvième bâton au centre qui donne à cet arcane une solidité et une force supplémentaires. Des changements peuvent survenir d'une façon très favorable. Les retards ne sont que provisoires. Professionnellement vos compétences seront reconnues et vous en obtiendrez des avantages certains. Sur le plan sentimental, développement heureux des relations jusqu'au succès complet. Les amitiés sont sûres et l'entente agréable.

* Près d'une ou de plusieurs cartes négatives, cet arcane neutralise les mauvaises prédictions. Il permet de réduire les conséquences les plus dramatiques et de dépasser avec réussite les plus dures épreuves. Près du dix de deniers et du dix de bâton, il annonce un voyage d'affaires qui sera couronné des plus grands succès.

* Tirage sur les arcanes majeurs :
Sur la Papesse (2) : études brillantes, réussite scolaire, succès à des concours.

Sur la Justice (8) : procès gagné. Droits reconnus.

Sur le Soleil (19) : parfaite harmonie du couple dont les intérêts matériels et financiers sont protégés.

Sur la Tempérance (14) ou sur Le Pape (5) : transmission du savoir. Dispositions pour les professions de l'enseignement.

Cette carte est celle du succès et de la réussite, des bonnes relations professionnelles ou sentimentales.

DIX
DE BATON

Nous avons encore l'entrelacement du huit de bâton, mais cette fois soutenu non plus par un bâton, mais par deux bâtons au centre. Ce soutien accentue encore ce pouvoir de force supérieure et de solidité. Cet arcane certifie ou confirme la solidité des entreprises et des initiatives professionnelles. Il permet d'espérer prospérité et accroissement financier. La vie sentimentale ou familiale est solide et stable, bien ancrée dans la matérialité. Les relations sont appelées à jouer un rôle important lorsqu'une promotion est attendue.

* Si cette carte se trouve près des coupes, la séduction sentimentale sera complète et tous les espoirs vous sont permis. Près du neuf et de l'As de bâton, rentrées d'argent inattendues et imprévues. Près de la Reine et du Valet de coupe, annonce d'un mariage d'amour qui conférera au couple stabilité et sécurité.

Par contre, près de la Reine et du Valet de bâton, annonce d'un mariage dont les bases seront matérielles.

* Tirage sur les arcanes majeurs.
Sur la Lune (18) : l'imagination précédera la réflexion pour permettre la réalisation d'entreprises fructueuses.

Sur la Maison-Dieu (16) : les expériences et les échecs du passé seront utilisés pour reconstruire sur des bases beaucoup plus solides.

Sur le Bateleur (1) : nouveau départ qui peut concerner le plan sentimental ou le plan professionnel, suivi des satisfactions espérées.

Cette carte apporte une force et une énergie qui conduisent au succès et au triomphe éclatants. Elle peut annoncer un changement inattendu et positif, aussi bien dans le domaine sentimental que dans le domaine professionnel.

VALET DE BATON

Un jeune homme, vu de profil, présente un grand bâton qui symbolise le commandement et l'action. Le valet représente un homme jeune qui peut être le consultant, son fils, son frère ou un ami. Il s'agit d'un garçon intelligent, actif et plein d'énergie. Il réalise l'équilibre entre le spirituel et le matériel. Il est généralement entouré et apprécié pour son intelligence et son humour. Seul le voisinage de cartes défavorables peut déséquilibrer le comportement de ce personnage.

* Près de la Reine de coupe : compagne toute à sa dévotion, en admiration aveuglée par ses sentiments.

Comme tous les personnages illustrant une carte, le Valet de bâton verra son comportement et son avenir modifiés en fonction des cartes positives ou négatives qui l'entourent.

* Tirage sur les arcanes majeurs :
Sur le Mat ou Fou (22 ou 0) : jeune homme vagabond ou marginal. Difficulté à accéder à la stabilité, l'imagination dépassant la réalité.

Cette carte représente le consultant s'il est jeune et célibataire.

CAVALIER DE BATON

Il est sur son cheval et tient une massue de sa main gauche. Il est prudent et prêt à se défendre. Intelligence, dynamisme et audace sont ses caractéristiques. Il est réfléchi et apporte des créations dans ses activités. Il annonce des déplacements pour des démarches importantes. Il aime les voyages et se servira de ses expériences pour évoluer dans ses entreprises et obtenir un bon équilibre. Ses voyages peuvent l'emmener très loin comme l'indique son chapeau qui - comme celui du Bateleur - représente l'infini.

Cavalier de Bâton

* Près des deniers : se rapporte à un homme d'affaires jeune et sérieux. Près des coupes : un jeune homme sincère et réfléchi dont les sentiments sont sûrs. Près des bâtons : il s'agit d'un jeune homme dont l'autorité est excessive. Près des épées : l'audace de ce jeune homme peut aller jusqu'à l'agressivité.

* Tirage sur les arcanes majeurs :
Sur le Jugement (20) : événements inattendus, imprévus et subits déclenchant un nouveau départ qui peut concerner le plan professionnel ou sentimental. Attirance vers l'ésotérisme.

Cette carte représente une personne qui entre dans la vie du consultant et peut lui apporter dynamisme et éléments nouveaux très favorables.

REINE DE BATON

Reine de Bâton

Les cheveux longs de la Reine symbolisent la force. Cette force est autant celle du caractère que celle du pouvoir, car le bâton se rapporte à l'autorité. La couronne qui est également un symbole du pouvoir caractérise aussi l'intelligence. La Reine peut indiquer la dépendance ou la domination d'une femme susceptible d'apporter du bonheur et de l'affection. La chance est révélée par cet arcane, mais cette chance ne peut s'épanouir que si des efforts sont soutenus. Les affaires en cours connaîtront un aboutissement satisfaisant.

* Près du neuf ou du dix de bâton : réussite et succès assurés sur le plan matériel. Près du neuf ou du dix de coupe : les sentiments occupent une grande place. Près du Roi de bâton : mariage motivé par l'intérêt. Près du Roi de coupe : mariage dans lequel l'homme sera très épris de sa compagne.

* Tirage sur les arcanes majeurs :
Sur le Soleil (19) : la consultante recherchera l'harmonie totale dans son mariage et le bonheur complet au niveau de sa famille : cette recherche sera couronnée de succès.

Cette carte représente la consultante s'il s'agit d'une femme adulte. Elle peut représenter aussi sa sœur, sa mère ou une amie très proche. S'il s'agit d'un consultant, elle représentera son épouse ou sa mère.

ROI
DE BATON

Roi de Bâton

Richement vêtu et coiffé d'un grand chapeau surmonté d'une couronne, il tient devant lui et de sa main droite un grand bâton qui représente son sceptre. Fermement assis sur son trône, il occupe une position qui marque son pouvoir et son autorité. Le chapeau est le signe de la supériorité et la couronne celui de la souveraineté. Cependant du visage se dégage une expression de noblesse protectrice et de cordialité. Sa sévérité n'est pas agressive et il peut apporter son aide dans les difficultés matérielles car sa personnalité est ancrée dans tout ce qui est matériel.

* Près des coupes : l'attrait de tout ce qui est matériel est complété par des sentiments d'amitié désintéressée et d'affection. Près des épées : le côté matériel sera exclusif et seul le succès, la puissance et le triomphe présenteront un intérêt. Près des deniers : l'égoïsme et l'avarice renforcent la matérialité.

* Tirage sur les arcanes majeurs :
Sur l'Etoile (17) : cet homme qui aimera briller en société ne sera attiré que par les femmes susceptibles de le mettre en valeur. Il parviendra à sa réussite.

Cette carte représente le pouvoir dominateur agissant avec subtilité pour obtenir des autres les avantages désirés. Elle peut représenter aussi le consultant ou son père, ou un associé, ou un ami. S'il s'agit d'une consultante, cette carte représente son conjoint.

AS D'EPEE

Une main tient une épée, pointe en haut. La pointe est cachée par une couronne. L'épée symbolise le combat et la bravoure, tandis que la couronne symbolise le pouvoir. De part et d'autre, une branche de laurier représente la victoire et une branche de chêne, l'énergie. La vigueur et la détermination apportent démarches et réalisations futures avec les possibilités de surmonter les obstacles. Cet arcane concilie la raison et l'intelligence. Le courage et le désir de vaincre demanderont beaucoup d'efforts.

* Près du dix de deniers : démarches pour un voyage à l'étranger. Si l'As de bâton se trouve à côté, le succès de ce voyage sera considérable. Près du Roi d'Epée et du Roi de deniers : démarches auprès de la justice. Près de l'As de deniers arrivée d'une nouvelle annonçant une rentrée d'argent.

* Tirage sur les arcanes majeurs :
Sur le squelette (13) : démarches à la suite d'un décès.

Sur la Papesse (2) : préparation à des examens et concours.

Sur la Maison-Dieu (16) : démarches à la suite d'un échec.

Cette carte est celle des personnes qui écrivent beaucoup, soit professionnellement, soit en raison de dossiers à remplir ou de démarches à accomplir.

DEUX D'EPEE

Une fleur est au centre de la carte. Autour d'elle deux épées se croisent et soulignent une dualité. Symbole du principe passif, cette fleur marque le centre qui peut permettre d'équili brer les forces et de maintenir une harmonie au milieu des adversités et des conflits. L'importance des difficultés entraîne des efforts disproportionnés avec la réussite des résultats. Rivalités dans les différents domaines et complications dans toutes les situations. Mensonges, trahisons, fausses amitiés.

* Près du neuf ou du dix de coupe : lutte pour des raisons sentimentales. Près des bâtons : lutte pour raisons financières. Près du neuf, du dix ou de l'As de bâton : ces épreuves peuvent être atténuées.

* Tirage sur les arcanes majeurs :
Sur l'Amoureux (6) : difficulté du choix confirmant la dualité et accentuant les problèmes dont les proportions deviennent catastrophiques.

Sur le Diable (15) : jalousies matérielles ou sentimentales entraînant des conflits.

Sur le Bateleur (1) : embûches et problèmes pour la mise en route d'une entreprise ou d'un projet.

Cette carte est celle qui révèle les oppositions, les rivalités et les trahisons.

TROIS D'EPEE

Une troisième épée se place entre les deux qui se croisent. Elle est verticale et neutralise la dualité. Cette troisième épée indique que des décisions sont à prendre d'urgence car des problèmes difficiles sont à résoudre. Cependant malgré les efforts, des déceptions sont à craindre suite à la non-réalisation de projets. Le maintien de l'équilibre exige une lutte constante. Epreuves financières lourdes à supporter. Fragilité de la santé. Mésentente, solitude.

* Près du Valet de coupe : risques de rupture sentimentale. Près des deniers : arrivée d'une mauvaise nouvelle. Près du dix de deniers : annulation d'un projet de voyage. Près du neuf de deniers : retard de tous les projets, qu'ils soient sentimentaux ou professionnels.

* Tirage sur les arcanes majeurs :
Sur l'Ermite (9) : période de solitude importante à craindre.

Sur le Mat ou Fou (22 ou 0) : imagination fantaisiste et irraisonnable causant des problèmes difficiles à résoudre.

Sur la Roue de Fortune (10) : relâchement et laxisme neutralisent la vigilance qui serait indispensable.

Cette carte annonce des complications, des difficultés et des embûches qui causeront de multiples retards et des cassures compromettant la réussite des entreprises et des projets.

QUATRE D'EPEE

Ces quatre épées qui s'entrelacent deux par deux symbolisent chacune la force qu'apporte un des quatre éléments. Cet arcane signifie que la lutte a été dure mais que la stabilité commence à s'installer. Sur des bases solides les difficultés s'aplanissent et tendent à se résoudre. La force est avec vous et vous disposez de moyens efficaces et puissants pour résoudre vos problèmes dans les différents domaines : activités professionnelles, sentiments, etc... Vous retrouvez une vitalité et un dynamisme qui vous poussent vers des résultats positifs malgré des sentiments d'isolement.

* Près de l'as de bâton : efforts couronnés de succès. Près du neuf de denier : la lutte pour obtenir des résultats promet d'être longue et par moments vous perdrez confiance. Près du huit de bâton : fatigue et surmenage sont à craindre. Près du neuf ou du dix de coupe : les sentiments qui vont naître n'aboutiront pas.

* Tirage sur les arcanes majeurs :
Sur la Force (11) : votre vitalité et votre force de caractère vous permettront de surmonter toutes les épreuves.

Sur le Squelette (13) : des changements vont survenir qui vous libèreront malgré épreuves et difficultés.

Sur le Pape (5) : les études sont difficiles et les résultats seront moyens.

Cette carte est celle du succès malgré les fatalités que les efforts parviennent à neutraliser. Elle est aussi la carte de la lutte des solitaires.

CINQ D'EPEE

Nous retrouvons les quatre épées de l'arcane 4 mais avec en plus une cinquième épée placée au milieu, pointe en haut. Cette force supplémentaire risque malgré tout de ne pas être suffisante pour vaincre de multiples difficultés. les relations sont troublées par des médisances, des hypocrisies, des querelles et des escroqueries. Obligations et contraintes sont difficiles à supporter et entraînent des idées obsédantes. Les circonstances imposent des restrictions, des confusions, des incertitudes et des échecs. Les risques de conflits conjugaux s'accroissent.

* Près de plusieurs cartes d'épée : des épreuves entraînant des résultats négatifs. Près du neuf ou du dix de bâton : épreuves vaincues grâce aux efforts déployés. Près de la Reine de bâton et du Roi de bâton : difficultés conjugales qui peuvent mener à une rupture.

* Tirage sur les arcanes majeurs :
Sur l'Impératrice (3) : troubles causés par une relation sentimentale entraînant des difficultés professionnelles.

Sur le Pendu (12) : conflits et obligations reliés au passé entraînant une immobilité dans le présent.

Sur la Lune (18) : risques de tromperies d'où résultent des situations difficiles.

Cette carte possède des significations contradictoires. Elle est l'arcane des ambiguïtés et des doubles sens.

SIX D'EPEE

Deux fois trois épées qui se croisent indiquent la dualité qui existe entre le matériel et le spirituel. Cet arcane annonce des épreuves et des anxiétés qui bloquent les actions. Les sentiments sont plus importants que les intérêts matériels et provoquent une certaine incapacité lorsque des décisions sont à prendre. Les incompréhensions et les querelles interviennent tant sur le plan sentimental que sur le plan professionnel. Les angoisses et une tension psychique permanente déclenchent des problèmes de santé.

* Près du huit de bâton : état dépressif pouvant s'aggraver. Près des deniers : des pertes financières sont à craindre. Près des coupes : les conflits interviennent dans le domaine sentimental. Près du neuf ou du dix de bâton : possibilité d'adoucissement des situations pénibles.

* Tirage sur les arcanes majeurs :
Sur le Jugement (20) : épreuves initiatiques conduisant à un renforcement de la personnalité spirituelle.

Sur la Tempérance (14) : recherche de contacts et de relations susceptibles d'apporter conseils et soutiens.

Sur le Diable (15) : particularités caractérielles engendrant des conflits.

Cette carte indique l'hypocrisie qui entoure le consultant dont la sensibilité est affectée et le dynamisme paralysé.

SEPT D'EPEE

Nous retrouvons les trois épées situées de part et d'autre de la carte et s'entremêlant. Au milieu une septième épée est placée avec la pointe en haut. Elle ne repose sur rien et le fait d'être ainsi suspendue lui donne une signification d'incertitude. Une grande persévérance est indispensable pour obtenir des résultats. La prudence est nécessaire ainsi que la confiance en soi pour aller de l'avant. Les quatre fleurs indiquent la recherche d'une stabilité qu'il faut acquérir. Peu de satisfactions sont à espérer tant dans le domaine matériel que sentimental.

* Près des deniers : lutte tenace pour défendre ou satisfaire des ambitions financières. Près des coupes : défense d'intérêts sentimentaux ou spirituels. Près de l'As de bâton : efforts aboutissant à des résultats satisfaisants. Près du neuf de deniers : période d'épreuves se prolongeant.

* Tirage sur les arcanes majeurs :
Sur le Chariot (7) : changement de lieu nécessaire pour parvenir à vaincre les épreuves.

Sur le Monde (21) : possibilité de maîtriser les épreuves et d'aboutir à une réussite complète.

Sur le Bateleur (1) : commencement d'une entreprise ou d'une relation sentimentale incertaine.

Cette carte est celle de l'incertitude et des efforts à accomplir avec courage pour triompher des difficultés.

HUIT D'EPEE

Quatre épées de chaque côté s'entrelacent. Le quatre signifiant la stabilité, cette double stabilité crée un immobilisme qui neutralise les activités. Incompréhensions, vexations, diffamations et querelles font naître découragement, incertitude, hésitations pouvant aboutir à des états dépressifs. D'importants problèmes de santé sont à craindre. La confiance en soi est ébranlée et le physique comme le moral sont au plus bas. Les situations sont subies avec un sentiment d'injustice.

* Près du neuf d'épée : annonce d'un décès. Près du neuf, du dix ou de l'As de bâton : problèmes de santé surmontés d'une façon imprévue ou inespérée. Près du dix de deniers : risque d'accident.

* Tirage sur les arcanes majeurs :
Sur l'Amoureux (6) : état dépressif causé par des contrariétés sentimentales.

Sur l'Etoile (17) : risque de problèmes circulatoires. Même signification avec la Tempérance (14).

Sur la Roue de Fortune (10) : problèmes de la vie courante prenant des proportions inquiétantes. Ces problèmes ne sont pas combattus avec efficacité en raison de l'état de santé qui affaiblit la puissance des efforts.

Cette carte est l'arcane des épreuves les plus graves subies dans un climat d'incertitude, de peine et de luttes. C'est aussi l'arcane qui annonce des maladies.

NEUF D'EPEE

Nous retrouvons les épées de l'arcane huit avec en plus une neuvième épée placée verticalement au milieu, pointe en l'air. Cette épée est une force qui figure des difficultés difficiles à contourner. Ces difficultés affectent tous les domaines. Des problèmes affectifs sont à craindre et le ménage subira les atteintes de cette tendance. Il convient d'agir avec une extrême prudence et de ne prendre aucune décision sans l'avoir longuement réfléchie. Ruptures, séparations, divorces et solitude sont annoncés par cet arcane.

* Près de l'As d'épée, du Roi de deniers et du Roi d'épée : démarches pour un divorce. Si ces cartes sont accompagnées du huit d'épée : procès à la suite d'une succession. Près des bâtons : aspect négatif atténué. Près des deniers : complications au niveau de la vie professionnelle.

* Tirage sur les arcanes majeurs :
Sur l'Ermite (9) : longue période de solitude sans aucun appui. Le moral sera très affecté par cette situation.

Sur la Maison-Dieu (16) : obstacles entraînant des ruptures tant sur le plan professionnel que sentimental.

Sur la Lune (18) : découvertes de difficultés qui étaient restées cachées et dont les conséquences vont se prolonger dans le temps.

Cette carte indique des obstacles et des difficultés qu'il sera difficile de surmonter. Chagrins et problèmes affectifs.

DIX
D'EPEE

Nous retrouvons encore les huit épées entrelacées. Mais, cette fois, la force supplémentaire est figurée par deux autres épées qui se croisent. Ces dix épées ont une puissance capable d'influencer les événements. Les solutions favorables sont proches, des énergies nouvelles sont utilisées qui sont capables de permettre de résoudre les problèmes en cours, mais à la condition d'être vigilant. Des difficultés dans le travail sont en train de s'aplanir. Les querelles, toujours présentes, affectent beaucoup moins les relations sentimentales.

* Près du dix ou du neuf de bâton : succès assuré. Près du neuf de deniers : retards à prévoir qui entraîneront quelques troubles. Près des coupes : sentiments liés aux affaires ce qui retardera la possibilité d'issues favorables. Près de l'As de deniers : arrivée d'une nouvelle qui apporte une amélioration dans les affaires.

* Tirage sur les arcanes majeurs :
Sur l'Empereur (4) : confirmation de la réussite dans une entreprise.

Sur le Jugement (20) : événement inattendu survenant avec force pour résoudre les problèmes.

Sur le Pape (5) : utilité des conseils d'un homme d'expérience.

Cette carte est l'arcane des épreuves surmontées, des énergies nouvelles, de la rapidité des changements, sous les conditions de rigueur et de vigilance.

VALET D'EPEE

Un jeune homme habillé avec élégance est debout et immobile. Il est solidement figé sur ses pieds en équerre. Apparemment il vient de sortir l'épée de son fourreau et il la tient de sa main gauche. Sa main droite s'appuie sur ce qui peut être le fourreau de son épée ou une canne. Son attitude est celle de l'inefficacité. Sa tête penchée et son air renfrogné soulignent sa méchanceté et sa malhonnêteté. Il est empreint de jalousie et prêt à toutes les trahisons. Le Valet d'épée représente une personne qu'il est préférable d'éviter, car sa fréquentation est totalement négative et peut entraîner vers des dangers.

* Près de le Reine de coupe : pour une femme, nécessité d'interrompre la fréquentation d'un homme plus jeune qu'elle. Celui-ci ne peut lui apporter que des problèmes et des contrariétés aux conséquences graves. Près du huit de coupe : mêmes problèmes, mais concer-

nant une jeune fille qui fréquente un jeune homme dont elle doit s'éloigner.

* Tirage sur les arcanes majeurs :
Sur le Diable (15) : jeune garçon aux idées diaboliques et destructrices.

Cette carte représente un homme jeune dont la fréquentation présente un réel danger par sa négativité et son pouvoir de destruction.

CAVALIER D'EPEE

Recouvert d'une armure, un homme sur un cheval au galop brandit une épée de sa main gauche. Un visage apparaît sur son épaulette gauche. Coiffé d'un casque, il est prêt à combattre. Courageux jusqu'à la témérité, il est prêt à affronter avec force et énergie toutes les difficultés et tous les obstacles que dresse la méchanceté. Cet arcane libère des contraintes et éclaircit les situations. Il signale qu'il existe des adversaires à affronter, mais que leurs menaces peuvent être anéanties par la détermination.

* Près des cartes les plus négatives, il permet de trouver la force et l'énergie pour combattre et vaincre l'adversité. Près des deniers : démarches et déplacements peu agréables mais aboutissant à des résultats satisfaisants. Près du neuf, du dix ou de l'As de bâton : homme d'affaires appelé à entreprendre des voyages qui lui donneront la réussite professionnelle.

* Tirage sur les arcanes majeurs :
Sur le Chariot (7) : aventurier parcourant le monde et accumulant connaissances intellectuelles et réussites financières.

Cette carte symbolise la force au service du bien contre le mal.

REINE D'EPEE

Assise sur un trône, elle tient dans sa main droite une épée qui lui donne le pouvoir de décision et d'exécution. De son visage se dégage sévérité et froideur car les épreuves de la vie l'ont rendue triste, amère et résignée. Elle est vêtue somptueusement et sa main gauche est légèrement levée car elle peut gracier et ordonner. Cet arcane est celui d'une femme jeune qui a subi des épreuves telles qu'un veuvage ou une séparation. La dureté de cette épreuve peut n'être que momentanée. Par contre il peut aussi représenter une femme plus âgée, veuve ou divorcée, beaucoup plus marquée par la solitude.

* Près du Valet d'épée : annonce d'un danger pour le consultant et ce danger peut se rapporter au domaine sentimental ou au domaine professionnel. Près du Roi d'épée : couple dont l'amour très fort ne sera jamais détruit. Près du neuf d'épée suivi du huit d'épée : veuvage prochain.

* Tirage sur les arcanes majeurs :
Sur le Soleil (19) : prochain mariage ou prochaine union pour une femme veuve ou divorcée.

Cette carte peut être la consultante elle-même, si elle est veuve ou divorcée. Elle représente toujours une femme seule, telle la mère, la grand-mère ou la belle-mère.

ROI D'EPEE

Ce roi est vêtu d'une armure et coiffé d'un chapeau à larges bords surmontés d'une couronne. Il a de longs cheveux (symbole de force) et sur ses épaulettes des visages humains apparaissent qui par leur expression austère ou souriante soulignent la dualité du personnage. Dans sa main gauche il tient le bâton qui indique son pouvoir de commandement. Dans sa main droite une épée renforce son autorité et inspire la crainte. Il représente un homme qui a subi des épreuves (veuvage, séparation), sa froideur et sa rudesse ne seront que momentanées.

Pour un homme plus âgé, le caractère sera dominé par la froideur et la dureté affectives.

* Près des cartes de coupes : neutralisation de sa froideur et de la sécheresse de ses sentiments remplacées par la recherche d'affection. Près du huit et du neuf

d'épée : annonce d'un veuvage. Si le dix de deniers est à côté : veuvage accidentel. Près des deniers : avarice.

* Tirage sur les arcanes majeurs :
Sur le Soleil (19) : prochaine liaison ou mariage.

Cet arcane peut représenter le consultant lui-même s'il est veuf ou divorcé. Il représente toujours un homme seul, tel que le père, le grand-père ou le beau-père.

AS
DE COUPE

Une grande coupe merveilleusement décorée. Cet arcane marque le début, le point de départ, le lieu originel d'où partent la croissance et la renaissance.

Des satisfactions sont à attendre dans le domaine familial. Les projets se réaliseront, des affections ou des amours prendront naissance et l'harmonie règnera avec les membres de la famille comme avec les relations. L'équilibre matériel et sentimental est favorisé.

* Près du Roi et de la Reine de coupe : ententes familiales et conjugales protégées. Près de l'As, du dix ou du neuf de bâton : aucun problème matériel. Près des deniers : ambitions favorisées et concrétisation des projets professionnels.

* Tirage sur les arcanes majeurs :
Sur le Soleil (19) : une nouvelle union fondée sur l'amour profond et durable.

Sur le Mat ou Fou (22 ou 0): des illusions sentimentales peuvent entraîner des incompréhensions. Le départ d'un des conjoints est à craindre.
Sur la Lune (18) : annonce d'une naissance.

Cette carte est celle du noyau familial dans son épanouissement et dans tout ce qui s'y rattache.

DEUX DE COUPE

Deux coupes placées côte à côte symbolisent l'intelligence et l'intuition. Le contenu marque l'activité. Mais le chiffre deux ne crée pas l'harmonie car il signifie la dualité qui mène à la rivalité. Cet arcane annonce des malentendus et des désaccords dans le domaine sentimental. Des déséquilibres et des difficultés sur le plan matériel seront entraînés par des dépenses imprévues ou inconsidérées. Sur le plan professionnel, trop de sentimentalité entraîne des déceptions et des difficultés.

* Près de la Reine et de Roi de bâton : l'union sentimentale est plutôt décevante. L'équilibre du couple est remis en question. Près du huit de coupe ou du huit de bâton (qui représentent des jeunes filles, l'une brune pour le bâton et l'autre blonde pour la coupe) : mauvais contacts au niveau familial pour l'une et pour l'autre. Près du six de bâton : incompréhensions affectant le côté professionnel et le côté sentimental.

* Tirage sur les arcanes majeurs :
Sur le Diable (15) : annonce d'une personne obsédée par la jalousie.

Sur la Justice (8) : dans différents domaines des démêlés ne permettront pas de trouver une issue. Hypocrisie et jalousie seront au premier plan.

Sur l'Amoureux (6) : confirmation de la dualité et des difficultés de choisir en raison d'une hypersensibilité permanente.

Cette carte souligne la dualité et la sensibilité affective qui font naître des malentendus et des contraintes. L'intéressé sera affecté par ce climat qui provoquera en lui (ou en elle) de véritables "serrements de cœur".

TROIS DE COUPE

Les deux coupes sont surmontées d'une troisième, et toutes trois forment un triangle, symbole de la réussite. Le UN de cette troisième coupe domine et maîtrise la dualité. Les deux branches fleuries qui partent du bas de la carte forment un cœur et se rapprochent sous le réceptacle de la coupe du haut. Avec cet arcane les difficultés d'ordre sentimental sont résolues et les buts sont atteints. Les situations financière et professionnelle s'améliorent sensiblement. Les relations amicales sont dépourvues d'hypocrisie et de mal-honnêteté.

* Près du neuf de coupe : nouvelle rencontre sentimentale apportant joie et bonheur. Près de l'As de deniers et de l'As de bâton : forte rentrée d'argent annoncée par un message. Près de la Reine et du Valet de bâton : annonce d'un mariage prochain.

* Tirage sur les arcanes majeurs :
Sur l'Impératrice (3) : les ambitions d'une femme sont importantes et cette personne réussit à établir un équilibre entre ses intérêts professionnels et son milieu familial.

Sur la Tempérance (14) : une personne, qui peut être la consultante ou l'épouse (ou l'amie) du consultant, présente des qualités de cœur, de douceur et de conciliation qui attirent vers elle amitiés et bonnes relations.

Sur la Justice (8) : procès gagné sans grandes difficultés.

Cette carte est celle de l'amour et du triomphe éclatants et du rayonnement envers les autres. Toutes les décisions sont couronnées de succès et la fin des soucis est proche.

QUATRE DE COUPE

Quatre coupes présentées deux par deux composent le carré de la stabilité et de l'équilibre. Ces qualités s'expriment principalement sur le plan matériel, sans négliger le plan sentimental. Les relations sont bonnes et sincères dans la vie quotidienne, ce qui facilite une recherche nécessaire de la sécurité matérielle. Les conditions de la vie affective sont satisfaisantes. Dans le domaine financier une protection est certaine. Les initiatives et les projets sont facilités, ce qui apportera une réelle expansion et une stabilité s'affirmant dans le domaine matériel.

* Près de l'As d'épée : démarches à prévoir pour la création d'une entreprise.
Près du Roi de deniers : carrière militaire à un niveau important. Près du Cavalier d'épée : départ à l'étranger pour obtenir réussite et équilibre professionnel.

* Tirage sur les arcanes majeurs :
Sur la Force (11) : énergie et potentiel d'activité accrus par une puissance tant intellectuelle que physique donnée par le quatre et sa stabilité.

Sur la Lune (18) : imagination pessimiste créant un blocage et paralysant l'activité et le côté positif du quatre. Hésitations et incertitudes ralentissant les événements.

Sur l'Etoile (17) : solide réceptivité dans le domaine des arts.

Cette carte est celle des fortes valeurs sentimentales. Elle apporte confiance et protection et développe une gestion efficace dans les domaines matériels.

CINQ DE COUPE

Aux quatre coins de la carte nous retrouvons les quatre coupes symbolisant la stabilité, plus une cinquième au centre qui apporte un élément nouveau et une force supplémentaire. Cette coupe est posée au centre d'un cœur formé par les tiges de deux fleurs. La fleur représente les vertus de l'âme, la perfection spirituelle.

L'évolution de la vie se fera dans la sérénité, l'entente et l'harmonie. Des éléments nouveaux apporteront l'équilibre. La sagesse, qui est la vertu principale de cet arcane, incitera à la tolérance et à l'indulgence.

* Près de l'As d'épée et du dix de bâton : rencontre sentimentale suscitée par le milieu professionnel. Près du neuf de coupe : personnage très mystique. Près du dix de bâton : le milieu professionnel est très favorisé et des responsabilités importantes sont à envisager.

* Tirage sur les arcanes majeurs.
Sur le Pape (5) : personne intéressée par l'enseignement et la transmission des connaissances.

Sur la Lune (18) : annonce d'une naissance.

Sur l'Etoile (17) : harmonie parfaite des sentiments, bons contacts avec l'entourage.

Cette carte ne favorise pas particulièrement le côté matériel car elle symbolise surtout la sagesse et la spiritualité.

SIX DE COUPE

Trois coupes placées les unes au-dessus des autres se trouvent sur la gauche de cet arcane tandis que trois autres coupes, pareillement disposées, se trouvent sur le côté droit. Une grande tige de fleurs les sépare par le milieu ce qui indique l'opposition entre deux forces qui peuvent symboliser le bien et le mal. Le nombre six est celui de la difficulté du choix.

Le six de coupe annonce des oppositions avec l'entourage. Il faut s'attendre à des désaccords et à des conflits. Les relations sentimentales ne seront pas favorisées et les déceptions seront nombreuses et profondes.

* Près de l'As de coupe : conflits et désaccords familiaux. Près de la Reine de coupe et du Valet de coupe : risques de rupture de fiançailles. Près du dix de bâton : instabilité, manque de confiance en soi dans le domaine professionnel.

* Tirage sur les arcanes majeurs.
Sur la Lune (18) : personne déprimée et angoissée. Des problèmes de santé risquent de survenir.

Sur le Pendu (12) : déceptions sentimentales dans des situations bloquées et inextricables.

Sur la Maison-Dieu (16) : rupture entraînant un changement complet des conditions de vie.

Cette carte indique l'arrêt des désirs et des souhaits. Des obstacles difficiles à surmonter surgissent dans tous les domaines. Elle indique une perte de vitalité pouvant mener à des états dépressifs.

SEPT DE COUPE

Une ligne de trois coupes est en haut de la carte tandis qu'une autre ligne de trois coupes est disposée au bas de la carte. Au centre, une septième coupe est installée dans un cœur. Le nombre sept est un nombre divin qui représente une totalité en mouvement. Il ne peut avoir que des influences favorables sur les personnes et sur les événements.

Le sept de coupe est l'annonce d'amours susceptibles d'apporter de la joie et du bonheur. Toutes les espérances peuvent être satisfaites dans différents domaines. Bien que l'imagination dépasse parfois la réalité, la réussite n'est pas compromise et les succès sont certains.

* Près des cartes d'épée : chagrins et troubles surviendront et perturberont l'harmonie. Après cette période d'épreuves de courte durée tout rentrera dans l'ordre. Près du Valet de coupe : rencontre sentimentale pour une

jeune fille. Près du dix de deniers : annonce d'un voyage inattendu entrepris pour des raisons sentimentales.

* Tirage sur les arcanes majeurs :
Sur le Soleil (19) : mariage prochain couronné par un amour parfait.

Sur le Diable (15) : amour passionnel, exclusif et violent.

Sur le Bateleur (1) : commencement d'une relation sentimentale qui promet des jours heureux.

Cette carte conduit au succès, éclaircit les situations et écarte les peines et les soucis.

HUIT
DE COUPE

Nous retrouvons les lignes de trois coupes en haut et en bas de la carte. Les coupes du haut symbolisent le spirituel et celles du bas, le matériel. Les deux coupes centrales sont en opposition et soulignent cette dualité. Le nombre huit représente un équilibre qui peut entraîner l'inertie.

Cet arcane figure la prise de conscience de l'adolescence devant les difficultés de la vie. Les projets et les décisions sont contrariés et retardés.

Les aboutissements sont incertains et les déceptions nombreuses, qu'il s'agisse des sentiments, de la profession ou des intérêts. Ces problèmes sont susceptibles d'entraîner des altérations de la santé.

* Près du Valet d'épée (qui correspond au Valet de pique) : fréquentations masculines dangereuses pour une jeune fille. Près du sept de coupe : renversement des tendances négatives. Aboutissement heureux des

projets. Près du huit d'épée : problèmes de santé très préoccupants pour une adolescente.

* Tirage sur les arcanes majeurs :
Sur la Maison-Dieu (16) : contrariétés provoquées par une adolescente et par des risques de fugue.

Sur l'Ermite (9) : études laborieuses, mais recherche de l'isolement. Sociabilité restreinte.

Sur l'Etoile (17) : féminité et sensibilité artistique se répercutant sur la carrière professionnelle.

Cette carte est celle des déceptions, des désillusions et des tracas souvent causés par les problèmes de l'adolescence.

NEUF DE COUPE

Trois coupes sont disposées trois fois sur trois lignes. Le chiffre neuf marque la fin des unités et la fin d'un cycle. Il est un aboutissement, l'arrivée après un long cheminement. C'est l'image du repos et de la quiétude mérités dans une atmosphère paisible.

Les objectifs sont atteints et les projets se réalisent. Annonce d'un bonheur conjugal et de sentiments sincères y compris dans les relations amicales. La santé est bonne ou s'améliore. Les réalisations matérielles et financières sont favorisées.

* Près du dix de bâton : grand succès sentimental durable. Près de l'As de deniers et de l'As d'épée : arrivée d'un message attendu annonçant un changement dans le domaine professionnel. Près du huit de coupe : neutralisation totale des mauvaises influences du huit.

* Tirage sur les arcanes majeurs :
Sur l'Ermite (9) : amour basé sur la spiritualité. Les sentiments sont plus importants que les relations physiques.

Sur le Pape (5) : sagesse, stabilité, amour des autres, dévouement, désir de transmettre ses connaissances.

Sur le Monde (21) : réussite matérielle et sentimentale.

Cette carte annonce force et vitalité, joies et satisfactions dans la paix et la sérénité.

DIX
DE COUPE

Les neuf coupes sont disposées comme précédemment mais elles sont "survolées" par une dixième coupe placée tout en haut de la carte. Cette dixième coupe est nettement plus volumineuse car elle symbolise la synthèse des neuf coupes et indique le départ pour un nouveau cycle (les dizaines après les unités). Ce nombre dix qui marque un tournant, possède une puissance qui permet d'atteindre les plus grandes réussites.

Cet arcane apporte toutes les prédictions du neuf de coupe mais plus solidement encore. Toutes les relations sont satisfaisantes. Dans ce tournant de la vie, des transformations heureuses se préparent ou se réalisent.

* Près du dix ou du neuf de bâton : de bons succès financiers sont assurés. Près des cartes négatives, comme les épées, cet arcane amoindrit ou neutralise les mau-

vaises prédictions. Près du dix de deniers : réalisation d'un voyage agréable.

* Tirage sur les arcanes majeurs :
Sur le Mat ou le Fou (22 ou 0) : idées surprenantes et originales nées d'une imagination débordante, amenant dans différents domaines et notamment dans celui des arts, des réalisations de grande envergure couronnées de réussite.

Sur le Jugement (20) : propositions surprenantes et inattendues apportant un changement total dans la vie. Ce changement peut être matériel ou spirituel.

Sur la Roue de Fortune (10) : la chance et le dynamisme amplifient encore les heureuses prédictions du dix de coupe et lui apportent une grande liberté d'action.

Cette carte possède une puissance capable de neutraliser les mauvaises prédictions des cartes négatives qui l'entourent.

VALET DE COUPE

Un Valet se dirige vers le côté gauche de la carte. Il est jeune et marche vers son avenir en tendant de la main droite une coupe prête à recevoir tout ce que la vie va lui offrir. Sa main gauche est libre en signe de déférence.

Cet arcane peut figurer le consultant lui-même, s'il est jeune et célibataire, ou un fils, un frère, un ami, ou encore le fiancé d'une consultante. Cet arcane peu actif confirme les sentiments sincères et le dévouement aux autres.

* Près de l'As de bâton : avenir prometteur qui aboutira à une réussite certaine. Près du dix de coupe : amour débordant et recherche d'une concrétisation sentimentale qui se réalisera. Près de l'As de coupe : attachement important aux racines familiales.

* Tirage sur les arcanes majeurs :
Sur le Chariot (7) : départ prometteur dans la vie avec beaucoup de dynamisme et d'ambition. Déplacements importants pour atteindre les plus grands objectifs.

Cette carte est la représentation d'un homme jeune dont les qualités sont le dévouement et la serviabilité mais qui est encore particulièrement timide. Des cartes dynamisantes sont susceptibles de le transformer.

CAVALIER DE COUPE

Tête nue, un homme jeune arrive sur un cheval. De sa main droite il tient une coupe qu'il semble offrir. Son attitude est calme, noble et passive. Cet arcane révèle l'importance du domaine affectif qui connaîtra une réussite. Par ailleurs, les autres domaines tels que la profession et les intérêts matériels ne se développeront pas. Le laxisme peut contrarier la bonne entente conjugale. Les liens affectifs sont renforcés mais des difficultés risquent de surgir au fil du temps. L'imagination masque souvent la réalité.

* Près du trois d'épée, inertie et laxisme créent des complications dans le domaine affectif et familial. Près du deux de bâton : domaine professionnel altéré par des mésententes et des incompréhensions. Près du dix de bâton : maintien de l'équilibre dans la vie familiale et sentimentale et satisfactions professionnelles.

* Tirage sur les arcanes :
Sur la Lune (18) : dans l'entourage du consultant, personnage pessimiste et renfermé dont il subit ou subira l'influence aux conséquences peu importantes.

Cette carte symbolise une grande sentimentalité peu exprimée. Elle peut représenter un timide qui contrarie ses propres intérêts par son immobilisme.

REINE DE COUPE

Bien installée sur son trône, une femme à l'allure passive tient dans sa main droite une énorme coupe Dans sa main gauche un sceptre en forme d'épée est appuyé contre son épaule. Elle est coiffée d'une couronne d'or et ses vêtements somptueux sont rouge, bleu et vert. Pour cette Reine le rouge symbolise l'activité et le bleu la spiritualité. La coupe représente la générosité du cœur et le dévouement aux autres, ainsi que l'honnêteté. La couronne et le sceptre symbolisent le pouvoir et l'autorité, essentiellement dans le domaine affectif.

* Près du Roi de coupe : union conjugale dont les liens affectifs seront très forts. Près des bâtons : les qualités affectives sont complétées par un dynamisme entraînant des réussites dans les domaines professionnel et financier. Près de l'As d'épée : solitude dans la lutte pour l'obtention de résultats positifs. Dans cette lutte la lucidité apportera l'équilibre.

* Tirage sur les arcanes majeurs :
Sur le Jugement (20) : recherche de l'enrichissement intérieur et évolution de la spiritualité.

Cette carte désigne la consultante elle-même, son amie, sa mère ou sa sœur. Pour un consultant elle peut indiquer son épouse ou son amie intime.

ROI DE COUPE

Un homme d'âge mûr est assis sur un trône dans une attitude nonchalante qui révèle sa bienveillance. Sa barbe longue est un signe de grande expérience. Il est coiffé d'un chapeau à larges bords avec, au milieu, la couronne d'or qui marque son autorité. Il tient dans sa main droite une énorme coupe d'or qui symbolise ses qualités de cœur et ses excellentes relations avec les autres. Ce Roi est l'image de l'homme protecteur et de la sérénité.

Cet homme reflète l'honnêteté et la générosité. Sa bonté et sa compréhension s'allient à son sens profond des responsabilités.

* Près des bâtons : entreprises et activités professionnelles menées avec sérieux, compétence, dynamisme et bons profits, sans altérer les qualités de cœur et les excellentes relations avec les autres. Près du Valet d'épée, suivi du Roi d'épée ou du Roi de bâton : prudence et méfiance nécessaires afin d'éviter les pièges

de collaborateurs et de l'entourage prêts à utiliser à leur profit bienveillance et générosité. Près de l'As de coupe : protection et union du noyau familial.

* Tirage sur les arcanes majeurs :
Sur le Monde (21) : assurance d'une grande réussite tant sentimentale que professionnelle.

Cette carte représente le consultant, son père, un frère ou un ami. S'il s'agit d'une consultante, elle représente son mari, son ami intime, son père ou son frère.

AS DE DENIERS

Un disque rayonnant est au centre de la carte, posé sur deux tiges fleuries. Ce disque représente un denier, ou un pentacle. Tel un soleil doré, il diffuse une énergie positive. Au-dessus et au-dessous, quatre fleurs ouvertes représentent la réceptivité tandis que quatre autres fermées symbolisent la solidité. Ces huit fleurs indiquent le parfait équilibre qui se dégage de cet arcane. La fleur centrale synthétise le retour à l'unité.

Réussite et bien-être seront réalisés autant dans le domaine matériel que dans le domaine spirituel.

* Près des cartes de bâtons : succès et triomphe matériels et professionnels. Près des épées : lutte difficile pour atteindre la réussite professionnelle ou sentimentale. Près du dix de deniers : annonce d'un voyage.

* Tirage sur les arcanes majeurs :
Sur la Roue de Fortune (10) : renforcement de l'énergie et du pouvoir de décision qui amèneront à la réussite.

Sur l'Ermite (9) : réussite de la recherche solitaire.

Sur le Soleil (19) : totale réussite sentimentale et matérielle.

Cette carte est celle de l'activité, de l'énergie et de la prospérité.

DEUX DE DENIERS

Deux deniers sont placés dans les boucles d'un S de couleur bleue. Ces deniers semblent être retenus, comme prisonniers de cette lettre. Le signe de l'opposition entre le matériel et le spirituel est très fort dans cet arcane. Cette opposition ne permet pas d'imaginer et d'entreprendre et elle entraîne des difficultés qui perturbent fortement les réalisations matérielles et professionnelles. La vie sentimentale et affective est également contrariée.

* Près de l'As d'épée : nombreuses démarches causées par des conflits professionnels ou financiers. Près du dix de bâton : issue proche et favorable des conflits tant sur le plan professionnel et matériel que sentimental. Près du dix de coupe : malentendus et problèmes affectifs ou sentimentaux qui causeront angoisses et pincements de cœur.

* Tirage sur les arcanes majeurs :
Sur le Pendu (12) : les problèmes financiers se perpétuent et créent une situation de blocage qu'il sera difficile de dépasser.

Sur la Maison-Dieu (16) : obligation d'un changement brutal sur le plan professionnel suite à des problèmes causés par les erreurs, les négligences ou l'incompétence.

Sur l'Ermite (9) : long chemin solitaire à parcourir pour dépasser les problèmes.

Cette carte annonce des problèmes matériels et professionnels qui peuvent perturber le domaine sentimental.

TROIS DE DENIERS

Un denier en domine deux qui sont placés côte à côte et symbolise ainsi le dépassement de la dualité. Cet élément nouveau par rapport au deux de deniers apporte des modifications positives et satisfaisantes sur tous les projets. Les rencontres et les transactions professionnelles pourront faire éclore de nouvelles réalisations qui amélioreront la situation sociale. Les malentendus et les problèmes affectifs ou sentimentaux se dissipent pour faire place aux accords et à l'harmonie. La santé s'améliore ou se maintient sans difficulté.

* Près du huit ou du neuf d'épée qui annoncent des maladies très graves : amélioration qui peut être durable ou momentanée. Près du Valet de coupe : réponse favorable dans le cas de l'attente d'une situation professionnelle. Près des bâtons : confirmation d'une réussite financière.

* Tirage sur les arcanes majeurs :
Sur le Bateleur (1) : commencement d'un travail (ou d'une entreprise) attendu apportant libération et réussite matérielle.

Sur le Soleil (19) : épanouissement professionnel et sentimental.

Sur la Tempérance (14) : relations et connaissances favorisent la réussite.

Cette carte n'annonce que des succès, des réussites et des actions efficaces.

QUATRE DE DENIERS

Les quatre deniers, qui représentent la solidité et la stabilité, sont renforcés par un losange au centre de l'image. Le matériel est au premier plan. Les projets sont réalisables, vont se concrétiser et des idées originales vont permettre de nouvelles créations. Malgré des difficultés, la situation financière reste stable, souvent grâce à l'intervention de bonnes relations. Un sentiment de sécurité règne dans le domaine sentimental. La réussite matérielle peut être accompagnée d'une tendance à l'égoïsme et à l'avarice. Pour la satisfaction des ambitions, les intérêts des autres ne sont pas pris en compte.

* Près du Roi de bâton :
personnage démuni de sentiments et prêt à écraser sans scrupules tous ceux qui gênent ses ambitions. Près du Valet d'épée : personnage très dangereux prêt à dérober les biens d'autrui pour asseoir sa situation matérielle. Près de l'As de deniers : réussite matérielle considérable.

* Tirage sur les arcanes majeurs :
Sur l'Empereur (4) : entreprise qu'une bonne gestion rend financièrement solide.

Sur l'Etoile (17) : l'amour du luxe ne laisse pas de place à l'amour de la compagne et va jusqu'à utiliser ses charmes pour obtenir des avantages matériels.

Sur le Squelette (13) : changement nécessaire pour permettre une évolution dans le domaine professionnel.

Cette carte stabilise et ancre très fortement la vie matérielle des autres et la vie sentimentale.

CINQ DE DENIERS

Quatre deniers sont disposés aux quatre coins de la carte. Un cinquième denier en occupe le centre. Ce cinquième s'ajoute à la matérialité qui s'en trouve amplifiée. Dans le domaine professionnel de nouvelles perspectives d'amélioration apparaissent. Les amitiés se développent dans une atmosphère de sincérité et de loyauté. Tous les problèmes matériels et financiers sont maîtrisés et dominés. Facilement, les situations évoluent favorablement dans tous les domaines.

* Près de la Reine et du Valet de coupe : naissance de projets d'union ou de mariage. Près du Roi de deniers et du Roi d'épée : rentrée d'argent à la suite d'un procès. Près de l'As de coupe : stabilité matérielle et sentimentale s'harmonisent.

* Tirage sur les arcanes majeurs :
Sur le Pape (5) : possibilité de promotion pour une personne dont l'activité professionnelle concerne l'éducation.

Sur la Tempérance (14) : facilité de communication avec les autres entraînant la naissance de très bonnes relations.

Sur la Papesse (2) : poursuite de longues études couronnées de succès.

Cette carte est très favorable. Elle annonce la réussite des projets qui connaîtront d'excellents succès.

SIX
DE DENIERS

Quatre deniers occupent le centre de la carte et sont séparés les uns des autres. Ils sont au-dessus d'un cinquième denier et au-dessous d'un sixième denier. Les forces de ces deniers ne communiquent pas et ne s'harmonisent pas car des obstacles sont dressés entre elles.

Ce manque d'harmonie et ces oppositions se répercutent dans tous les domaines qui connaissent des entraves, des retards, des conflits et des déceptions. De multiples désaccords perturbent les relations, qu'elles soient affectives, sentimentales, financières ou professionnelles. Des regrets s'ajoutent au découragement pour amoindrir le dynamisme et la vitalité.

* Près du huit d'épée : conflits déclenchant des problèmes de santé qui prendront de l'importance. Aggravation des maladies. Près des coupes : perturba-

tions dans le domaine sentimental et risques de rupture. Près du six de bâton : sérieux problèmes financiers et professionnels.

* Tirage sur les arcanes majeurs :
Sur le Pendu (12) : pertes d'argent difficiles à surmonter. L'intéressé ne devra compter que sur lui-même.

Sur la Force (11) : après une période d'épreuves l'énergie et le dynamisme du consultant permettront d'aboutir à une issue favorable.

Sur l'Ermite (9) : repli sur soi-même et isolement causé par les difficultés auxquelles le consultant doit faire face.

Cette carte est celle de l'isolement causé par des événements contrariants dont le consultant est souvent en grande partie responsable.

SEPT DE DENIERS

En haut de la carte, trois deniers forment un triangle dont la pointe tournée vers le bas semble désigner un groupe de quatre deniers placés deux par deux. Ce triangle renversé neutralise la force des quatre deniers qui sont séparés par des tiges.

La puissance ne manque pas, mais une autre force s'oppose à elle et peut la transformer en agressivité. En conséquence, des discussions, des querelles et des disputes sont à prévoir dans tous les domaines de la vie.

* Près du six de deniers : des disputes violentes provoqueront des ruptures qui affecteront principalement le domaine professionnel. Près du Valet d'épée : conflits pouvant déclencher la violence physique. Près des coupes : mauvaise entente, malentendus, désaccords et disputes interviennent dans la vie sentimentale et créent un climat désagréable dont les conséquences dépendent des cartes voisines.

* Tirage sur les arcanes majeurs :
Sur le Diable (15) : risque de subir les assauts d'une personne agressive et active dont les actions sont menées sous le signe de la violence.

Sur le Jugement (20) : période de crise survenant brutalement et que subit le consultant qui n'était pas préparé à l'affronter.

Sur la Justice (8) : des désaccords entraîneront une procédure en justice.

Cette carte est celle de la lutte contre des forces opposées qui agressent violemment l'intéressé, souvent par surprise, et ne lui permettent pas de prendre rapidement les décisions indispensables pour assurer sa défense.

HUIT DE DENIERS

Huit deniers sont disposés deux par deux, verticalement sur cette carte. Ils sont systématiquement séparés les uns des autres et n'ont pas la possibilité de se communiquer leurs énergies. Il ne s'agit plus d'agressivité, mais plutôt de passivité, d'instabilité et de stagnation. Malgré les efforts fournis, en ordre dispersé, la réussite n'intervient pas dans tous les domaines, les aboutissements heureux sont sans cesse retardés. C'est une période d'attente au cours de laquelle on n'enregistre pas de véritables échecs, mais qui n'apporte pas non plus de réelles satisfactions.

* Près des épées : dans le domaine professionnel, les avancements, les promotions ou les progrès attendus sont suspendus en raison d'oppositions et de discordes. Près de l'As de coupe : même situation, mais dans le domaine familial, affectif ou sentimental. Près du neuf ou du dix de bâton : neutralisation de la négativité et espoirs d'ouverture.

* Tirage sur les arcanes majeurs :
Sur l'Amoureux (6) : incompatibilité des caractères entraînant des difficultés qui conduiront à une rupture.

Sur le Mat ou Fou (22 ou 0) : imagination débridée menant à des événements extravagants renouvelant sans cesse un avenir incertain.

Sur la Lune (18) : pessimisme et imagination négative sont source de problèmes.

Cette carte n'annonce pas des situations catastrophiques, mais une tendance générale à la stagnation et aux retards.

NEUF DE DENIERS

Quatre deniers placés deux par deux dans la partie supérieurs de la carte sont séparés de quatre autres deniers disposés pareillement dans la partie inférieure. Au milieu un neuvième denier symbolise l'accomplissement. Avec le neuf nous parvenons à la fin des unités et au seuil des dizaines; un cycle se termine tandis qu'un autre est annoncé. Cette position est sécurisante. Elle permet d'imaginer de nouveaux projets et d'envisager la future réalisation des ambitions. La sécurité matérielle favorise une vie paisible dans les domaines affectifs. La vie professionnelle ne connaît pas de problèmes importants.

* Près de l'As de bâton : prospérité et succès des entreprises. Près du Valet de bâton ou du Valet de coupe : l'avenir d'un jeune homme s'annonce particulièrement brillant. Près des coupes en général : stabilité de la vie sentimentale.

* Tirage sur les arcanes majeurs :
Sur le Bateleur (1) : démarrage d'une entreprise dans de bonnes conditions de stabilité et de sécurisation.

Sur l'Etoile (17) : réalisation ou carrière prometteuse dans le domaine des arts.

Sur la Tempérance (14) : les relations avec les autres seront placées sous le signe de la confiance motivée par la sincérité et la loyauté.

Cette carte est celle de la satisfaction paisible dans la sécurité et de la préparation de nouveaux progrès.

DIX
DE DENIERS

Cet arcane présente en son centre une grosse fleur qui en sépare les parties supérieures et inférieures. Cinq deniers sont placés au-dessus et cinq autres au-dessous. C'est l'harmonie qui est présentée deux fois, symbolisant ainsi le cycle des unités qui vient de se terminer et celui des dizaines qui commence.

C'est un tournant de la vie, un tournant heureux qui verra se concrétiser des espoirs longuement mûris. Les progrès sont rapides et des transformations positives interviennent dans tous les domaines. C'est la réussite totale, la chance permanente et le dynamisme intellectuel et physique. Le désir d'évolution est très développé et peut se traduire par une activité débordante, des déplacements et des voyages.

* Près du Valet et de la Reine de coupe : voyage d'agrément pour un couple. Près de l'As d'épée : voyage motivé par des raisons professionnelles ou familiales. Près du neuf ou du dix de bâton : tournant important de la situation financière, suivi d'une grande réussite.

* Tirage sur les arcanes majeurs :
Sur la Force (11) : concrétisation et réussite tant dans le domaine sentimental que dans le domaine professionnel.

Sur la Maison-Dieu (16) : départ définitif d'une ville ou d'un pays pour un avenir meilleur.

Sur la Roue de Fortune (10) : la roue tourne favorablement et ce tournant de la vie sera particulièrement heureux.

Cette carte annonce un grand changement pouvant survenir dans l'un ou l'autre des domaines de la vie, mais un changement qui apporte une nette amélioration.

VALET DE DENIERS

Un jeune homme présente de sa main droite, à hauteur de son visage, un denier d'or. Malgré sa position de "serviteur", il est solidement campé sur ses pieds en équerre. Nous retrouvons sur sa tête le grand chapeau, bien enfoncé. A ses pieds le sol est fécondé par un autre denier qui représente la force matérielle capable de transformer le désert en jardin et le valet en maître. Ce Valet est intelligent, réfléchi, sérieux et ambitieux. Cette ambition peut le mener à imposer capricieusement sa volonté.

* Près des épées : épreuves causées par des oppositions. Près des coupes : caractère difficile qui n'exclut pas un grand attachement au milieu familial et une vie sentimentale assez intense. Près des bâtons : l'ambition mène à une grande réussite principalement matérielle.

* Tirage sur les arcanes majeurs :
Sur le Pape (5) : l'ambition se tourne vers sa propre personnalité et l'enrichissement intellectuel et culturel.

Cette carte favorise tous les progrès matériels. le jeune homme représente un personnage qui est dans l'entourage proche du consultant.

CAVALIER DE DENIERS

Un jeune homme arrive sur un cheval. Son visage est empreint de réflexion. Il regarde droit devant lui. De sa main droite il tient un denier qu'il appuie contre sa poitrine Il est prudent dans son voyage et sa "rêverie" ne l'empêche pas d'être prêt à se défendre si nécessaire.

Ce cavalier est le porteur de nouvelles qui permettent de développer la situation matérielle ou professionnelle. Il représente un élément actif qui ne néglige pas la réflexion avant l'action.

* Près des bâtons : bonne nouvelles sur le plan financier. Près de coupes : message concernant un ou plusieurs membres de la famille. Ce sont les cartes environnantes qui précisent la qualité de ce message. Près du huit et du neuf d'épée : annonce d'un décès.

* Tirage sur les arcanes majeurs :
Sur le Soleil (19) : invitation à un mariage.

Cette carte apporte la possibilité de réaliser des projets concernant le domaine matériel ou professionnel.

REINE DE DENIERS

Une femme vêtue d'un grand manteau est appuyée contre son trône de telle façon qu'il est difficile de savoir si elle est debout ou légèrement assise. Elle présente, au niveau du haut de son visage, un grand denier d'or. De sa main gauche elle tient son sceptre qui symbolise son autorité et son pouvoir. Elle est coiffée d'une couronne d'or.

L'allure, le visage de la reine et les symboles qui l'entourent font ressortir l'importance des biens matériels et l'absence de vie affective. Son regard fixe laisse apparaître le calcul et la ruse au service de l'intelligence.

* Près de la Reine de coupe ou de la Reine de bâton : méfiance indispensable envers une femme qui peut être de la famille ou en relation avec quelqu'un de la famille. Près du huit d'épée : problème de santé pour une femme. Ces problèmes préoccupent beaucoup son entourage. Près des bâtons : une femme

risque de causer des préjudices financiers et la vigilance s'impose.

* Tirage sur les arcanes majeurs :
Sur le Squelette (13) : une femme sera responsable d'un grand changement ou d'une rupture dans la vie matérielle ou sentimentale du consultant ou de la consultante.

Cette carte représente une femme qui entre dans la vie du consultant et qui lui cause des ennuis et des perturbations.

ROI
DE DENIERS

Un homme d'âge mûr dont le visage est orné d'une barbe est assis sur son trône. Il est coiffé seulement d'un grand chapeau à larges bords qui représente l'infini. Ses habits sont somptueux. Ses jambes croisées peuvent indiquer une certaine désinvolture ou une tension nerveuse. De sa main droite il tient devant lui un denier d'or symbole de son intérêt pour les biens matériels. A noter l'absence du sceptre

Il présente certaines similitudes avec la Reine de deniers en ce qui concerne son caractère. Il n'est pas facile à vivre et son égoïsme crée des difficultés avec son entourage. Dans certains cas il indique un homme qui a porté ou qui porte un uniforme.

* Près de la Reine de deniers : couple vivant dans un climat de mésentente et d'incompréhension, sans aucune

harmonie. Près du Valet de bâton ou du Valet de coupe : départ à l'armée pour un jeune homme. Près du Roi de bâton ou du Roi d'épée : méfiance indispensable envers un homme susceptible d'être la cause de fortes contrariétés.

* Tirage sur les arcanes majeurs :
Sur la Lune (18) : des actes néfastes se préparent sournoisement. La vigilance ne doit pas être prise en défaut.

Cette carte représente une personne de l'entourage du consultant ou quelqu'un qui va apparaître dans cet entourage. Sa présence n'est jamais positive. Elle peut représenter aussi une personne qui porte ou a porté un uniforme.

QUELQUES RENCONTRES SIGNIFICATIVES

Avant d'aborder les différentes façons d'interroger le Tarot, il est utile d'examiner quelques rencontres de cartes qui ont une signification intéressante. Il s'agit toujours des arcanes mineurs.

* QUATRE ROIS : annonce d'associations difficile à maintenir et qui vont connaître des difficultés pouvant aller jusqu'à des ruptures.

* QUATRE REINES : des commérages vont être la cause de déceptions.

* TROIS REINES : des personnes jalouses vous entourent et vont tenter de vous nuire.

* QUATRE VALETS : les relations amicales trop envahissantes d'un jeune garçon risquent de l'entraîner vers des difficultés et des problèmes.

* QUATRE AS : stabilité présente ou à venir. Réussite certaine tant matérielle que sentimentale.

* QUATRE SEPT : annonce de la naissance d'un enfant.

* TROIS SEPT : s'ils se trouvent accompagnés du huit d'épée ils annoncent des difficultés qui surviendront dans la réalisation du désir d'avoir un enfant.

* NOMBREUX PERSONNAGES : si un grand nombre de personnages des arcanes mineurs apparaît lors d'un tirage, ils annoncent soit une réunion familiale, soit une invitation ou encore la présence de beaucoup d'amis et de beaucoup de relations dans la vie du consultant ou de la consultante.

LES TIRAGES

Il existe de nombreuses façons d'interroger le Tarot. ces différentes façons sont des "tirages".

Chacun ressent quelle est la méthode qui lui convient le mieux.

Nous allons nous familiariser avec les tirages les plus courants, ceux qui sont pratiqués le plus fréquemment par les professionnels des arts divinatoires.

Quelques exemples nous permettront d'illustrer les prédictions qui découlent des cartes tirées, de la place qu'elles occupent et des cartes qui les accompagnent.

Les préoccupations du consultant et ses interrogations imposent de rapporter les réponses à donner à des situations ou à des faits limités. Cependant des tirages successifs permettent d'étudier en détail des éléments variés tels que : la personnalité du consultant, son passé, sa situation présente, son avenir proche et plus lointain. Tous les domaines peuvent être étudiés : santé, sentiments, famille, affaires, profession, intérêts matériels, etc...

Les significations à donner à chaque arcane peuvent proposer plusieurs réponses. C'est là que la personnalité de celui qui "tire" les cartes, sa connaissance profonde de chaque arcane et surtout son intuition jouent un rôle très important.

TIRAGE EN CROIX

Réponse à une question précise

Les cartes des 22 arcanes majeurs sont battues et étalées devant le consultant. Celui-ci se concentre et pense fortement à la question qu'il pose et qu'il exprime. Il tire du jeu quatre cartes l'une après l'autre. La première sera placée à la gauche du voyant. La deuxième à sa droite. La troisième en haut et la quatrième en bas.

Consultant

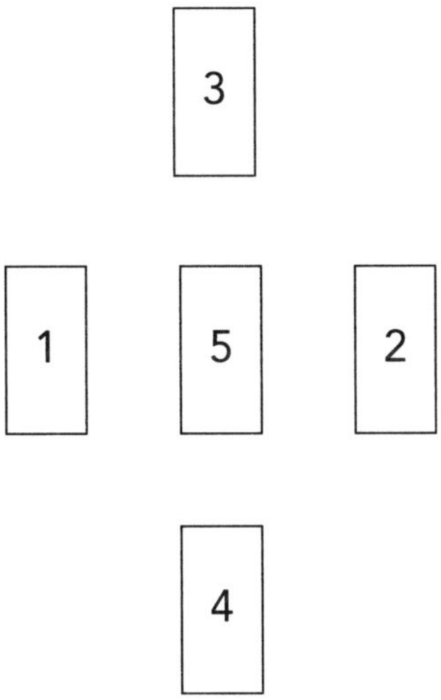

Voyant

* La carte UN indique ce qui est possible. L'affirmation.

* La carte DEUX indique ce qui n'est pas possible et qui doit être surmonté. La négation.

* La carte TROIS indique le but à atteindre et les possibilités.

* La carte QUATRE donne la solution.

Après avoir examiné ces quatre arcanes nous procédons à la synthèse. Pour cela nous additionnons les nombres inscrits sur chaque arcane (par exemple : 10 + 21 + 7 + 15 = 53). Nous réduisons le résultat (5 + 3 = 8) et nous plaçons au milieu l'arcane correspondant.

* Cet arcane de synthèse (ou carte CINQ) complète et appuie la réponse qui a été donnée.

A titre d'exemple nous allons procéder à un tirage.

Question posée :
Ma situation professionnelle va-t-elle évoluer ?
Supposons que le tirage donne le résultat suivant :

* Carte UN : LA FORCE (11). - Il existe une possibilité de succès dans le travail ce qui permet d'envisager l'évolution positive de la situation professionnelle.

* Carte DEUX : LA TEMPERANCE (14). Cet arcane placé sur le négatif est signe de désaccords et de mauvais contacts avec les autres pour des questions d'intérêts. Cette difficulté sera donc à surmonter.

* Carte TROIS : LE PENDU (12). Le but à atteindre est lié aux événements du passé qui créent un blocage

et une impossibilité d'obtenir dans l'immédiat l'évolution souhaitée.

* Carte QUATRE : LE CHARIOT (7). Cette carte annonce une forte possibilité d'atteindre le but espéré, mais un changement de lieu sera probablement nécessaire.

* Synthèse ou carte CINQ : LA JUSTICE (8). Cette carte n'a pas été tirée, mais obtenue par l'addition des nombres des quatre cartes : 11+ 14 + 12 + 7 = 44 soit 4 + 4 = 8. Justice et équité feront reconnaître les mérites professionnels du consultant dont la situation pourra évoluer favorablement après la période de malentendus et de blocage.

Consultation par le tirage en croix

La consultation consiste à examiner en général l'avenir du consultant qui n'a pas à poser de question précise mais qui doit se concentrer en se posant à lui-même la question : «Que va-t-il se passer dans mon avenir ?»

Les cartes des 22 arcanes majeurs sont battues et coupées, puis étalées devant le consultant qui tire quatre cartes l'une après l'autre. Ces quatre cartes sont disposées comme précédemment.

Une première analyse va être faite en fonction des cartes sorties et de leur emplacement, selon les mêmes critères que lors du tirage précédent.

La synthèse sera faite également avec une cinquième carte trouvée par l'addition des nombres des quatre cartes.

Après une première étude des arcanes majeurs, ceux-ci seront recouverts par des arcanes mineurs afin d'aller plus loin dans l'interprétation. Pour cela il convient de prendre les 56 cartes des arcanes mineurs, de les battre, de les faire couper et de les étaler devant le consultant. Celui-ci va tirer tout d'abord cinq cartes qu'il placera, sans les retourner, sur les arcanes majeurs dans le même ordre (1, 2, 3, 4 et 5). Il renouvelera ce tirage trois fois et aura ainsi sorti et placé quinze arcanes mineurs sur les arcanes majeurs. Après étude, selon les indications données précédemment, il peut éventuellement renouveler ce tirage de quinze cartes pour obtenir des réponses complémentaires.

TIRAGE À TREIZE CARTES

Nous prenons les 78 cartes, arcanes majeurs et arcanes mineurs mélangés.

Après avoir battu les cartes et les avoir fait couper par le consultant, nous les étalons devant celui-ci qui en tirera treize l'une après l'autre. Ces cartes seront disposées par le consultant de gauche à droite, sans les retourner, devant le voyant, en forme de demi-cercle.

Le consultant retournera une première carte. A partir de cette carte, qui compte pour être la première, le voyant compte cinq cartes et retourne la cinquième. Il continue ainsi jusqu'à ce que toutes les cartes soient retournées.

L'interprétation se fait au fur et à mesure du retournement des cartes. Lorsque toutes les cartes sont retournées, il est tenu compte pour chaque carte de celles qui sont à côté et de toutes les cartes tirées.

L'interprétation du tirage à treize cartes se fait donc en trois parties qu'il est bon de préciser :

1) Interprétation de chaque carte retournée en comptant chaque fois cinq à partir de celle qu'a retournée le consultant.

2) Interprétation de chaque carte en tenant compte de celle qui est à sa gauche et de celle qui est à sa droite.

3) Interprétation générale de l'ensemble des treize cartes qui ont toujours un lien entre elles. Par exemple, si les quatre Rois sont parmi les treize cartes, même s'ils ne sont pas à côté les uns des autres, il convient de tenir compte de la signification de leur sortie dans cette interprétation générale.

Eventuellement, pour obtenir des réponses plus approfondies, le voyant peut demander au consultant de recouvrir les cartes les plus significatives. Cette opération peut être renouvelée trois fois.

TIRAGE EN ROUE ASTROLOGIQUE

Deux méthodes peuvent être utilisées.
Arcanes majeurs et arcanes mineurs séparés.

Les arcanes majeurs et les arcanes mineurs sont séparés. Après avoir battu et coupé les 22 cartes, elles sont étalées devant le consultant qui en tire douze, l'une après l'autre.

Le voyant dispose ces douze arcanes en forme de roue, en plaçant la première carte à sa gauche. Ensuite, en descendant, il dispose la deuxième et la troisième carte de façon que la quatrième soit placée en bas. Les cartes cinq et six sont placées en remontant vers la droite, ce qui fait placer la septième à la droite du voyant. En remontant, mais cette fois vers la gauche, il place les cartes huit et neuf, et la carte dix se trouve en haut. Il redescend alors vers la première carte pour placer la onzième et la douzième.

Comme en astrologie, chaque carte est appelée "Maison" car elle représente une maison astrologique. Les maisons astrologiques sont au nombre de douze. Selon les auteurs les correspondances entre ces maisons et les arcanes majeurs du Tarot sont divergentes et parfois opposées.

Consultant

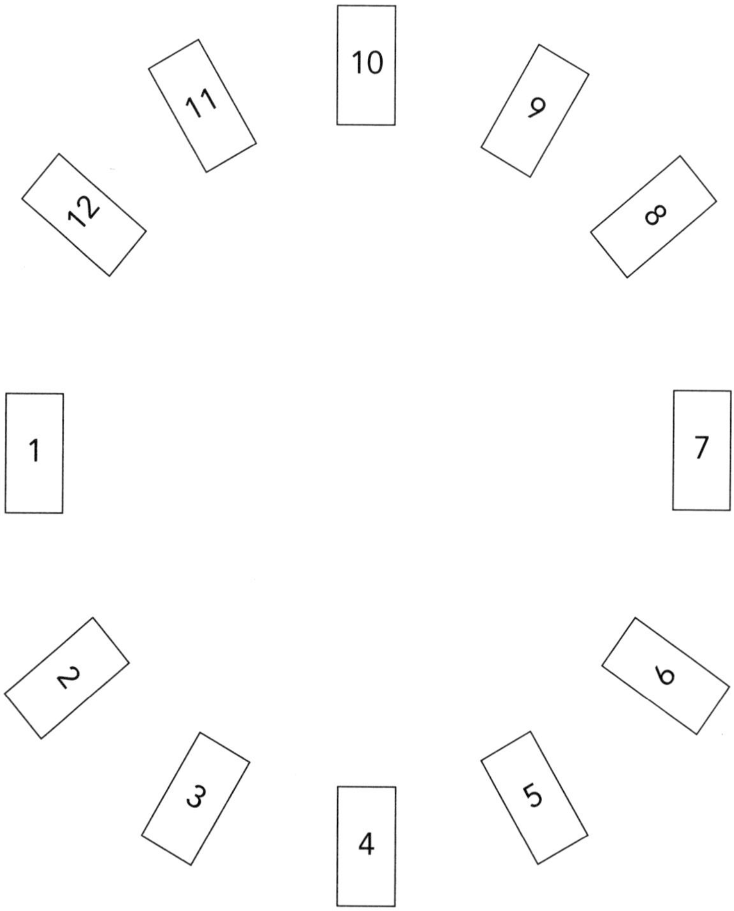

Voyant

Dans ce tirage, nous donnerons à chacune de ces douze maisons les significations suivantes :

* MAISON I : la carte placée en Maison I représente le consultant lui-même avec ses préoccupations, ses désirs et ses moyens de les satisfaire.

* MAISON II : la situation matérielle et financière. Les transactions.

* MAISON III : toute la famille et les relations amicales. Les visites et les déplacements.

* MAISON IV : le foyer. Les biens familiaux. L'image du père.

* MAISON V : la vie sentimentale et ses aboutissements. La créativité.

* MAISON VI : le travail, la vie professionnelle. La santé et son évolution.

* MAISON VII : l'environnement du consultant dans sa vie sociale. Les relations proches et les associations. L'union ou le mariage. Le conjoint du consultant.

* MAISON VIII : les tournants de la vie, les transformations, les changements. La vie sexuelle.

* MAISON IX : l'évolution de la vie spirituelle. Les recherches et les études. Les déplacements et les voyages.

* MAISON X : les désirs matériels et les ambitions. L'image de la mère.

* MAISON XI : les projets et les réalisations attendues. Les aides par les relations.

* MAISON XII : les difficultés et les épreuves. Le combat pour la réussite. Les situations bloquées pour des raisons inconnues ou mal connues.

Après avoir analysé ce tirage composé exclusivement d'arcanes majeurs, il sera possible de recouvrir ces cartes en effectuant un nouveau tirage mais cette fois seulement avec les arcanes mineurs. Une nouvelle étude sera faite sur ce deuxième tirage et sur les correspondances.

Pour obtenir des éclaircissements, l'arcane majeur peut être recouvert trois fois.

Arcanes majeurs et mineurs ensemble

Toutes les cartes sont mélangées, battues et coupées. Les douze cartes sont tirées et disposées comme précédemment. L'arcane majeur qui se trouve éventuellement dans une maison renforce et donne plus d'importance à la signification des arcanes mineurs.

La première carte tirée pour chaque Maison peut être recouverte trois fois.

TIRAGE EN LIGNE À SEPT CARTES

Ce tirage s'effectue en laissant ensemble les arcanes majeurs et les arcanes mineurs.

Les cartes des 78 arcanes sont battues et coupées puis étalées devant le consultant. Celui-ci tire une première carte qu'il place au centre sans la retourner. Il tire ensuite, une à une, trois cartes qu'il étalera à gauche de la première, puis trois cartes qu'il étalera à droite de la première. Il ne retourne pas ces cartes.

Consultant

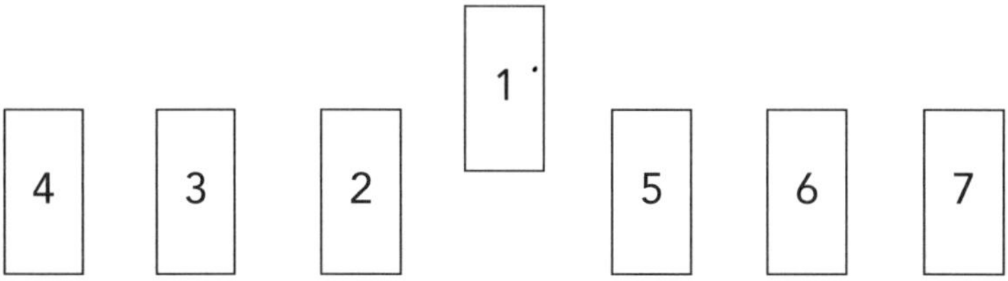

Voyant

La carte centrale est la plus importante. Elle représente les événements qui atteignent directement le consultant. Les trois cartes de gauche indiquent les tendances favorables, tandis que les trois cartes de droite indiquent les situations qu'il faudra surmonter.

Après une première étude, ces sept cartes seront recouvertes par trois tirages successifs. Chaque tirage fera l'objet d'une étude particulière suivie d'une analyse en fonction des autres cartes recouvertes et des cartes voisines.

TIRAGE SUR LE PRÉNOM DU CONSULTANT

Ce tirage s'effectue en laissant ensemble les 78 cartes des arcanes majeurs et des arcanes mineurs.

Les cartes sont mélangées et coupées par le consultant qui tirera autant de cartes qu'il y a de lettres dans son prénom. Seul le prénom officiel est à considérer sans tenir compte d'un éventuel prénom usuel ou de diminutifs.

Les cartes sont disposées en ligne, de gauche à droite, par le voyant, sans les retourner. Cette opération sera répétée sur quatre lignes.

L'étude et l'interprétation se feront sur l'ensemble des cartes et de gauche à droite, après que le consultant aura désigné lui-même la première carte à retourner. De cette première carte, il sera compté chaque fois cinq cartes pour retourner la carte suivante. Au fur et à mesure du retournement de chaque carte, l'interprétation se fera en tenant compte des significations des cartes déjà retournées. Lorsque toutes les cartes seront retournées une analyse générale interviendra en conclusion.

Ce tirage est très intéressant car il est personnalisé. Il est utilisé pour examiner l'avenir en général du consultant, lorsque celui-ci est préoccupé principalement par un domaine précis tel que les sentiments, la famille, la santé, les intérêts, la profession, etc... Il peut intervenir lorsque ce domaine aura été étudié auparavant par l'utilisation d'une autre méthode.

Consultant

Voyant

AUTRES TIRAGES

Les tirages que nous venons d'étudier sont les plus utilisés par les voyants. Ils permettent toutes les études et l'analyse complète de toutes les situations qui peuvent se présenter.

Il existe de très nombreuses autres méthodes qui ont chacune leurs qualités. Nous en citerons quelques-unes sans les approfondir, car l'examen détaillé de toutes les façons de tirer le Tarot exigerait la rédaction de plusieurs volumes.

Le tirage en carré

Le consultant tire neuf cartes parmi les 22 arcanes majeurs. Ces cartes sont disposées ainsi :

Première, deuxième et troisième, sur une ligne de gauche à droite. Quatrième, cinquième et sixième, sur une autre ligne au-dessous. Septième, huitième et neuvième, sur une troisième ligne.

On obtient ainsi un carré composé horizontalement de trois cartes et verticalement de trois cartes.

L'interprétation se fait en considérant que la première ligne correspond au passé, la deuxième au présent et la troisième à l'avenir pour lequel elle propose des solutions.

Le tirage en fer à cheval

Il est utilisé pour répondre à une question précise. Sept cartes sont tirées par le consultant et disposées devant le voyant. En haut la carte 1, au-dessous et un peu à gauche la 2, au-dessous et alignée avec la 1, la 3, au-dessous et un peu à droite, donc au milieu, la quatre. En remontant symétriquement sont disposées la 5, la 6 et la 7.

Traditionnellement, la 1 est la représentation du consultant. La 2 désigne le présent et la 3, l'avenir. La 4 et la 5 prodiguent des conseils. La 6 indique les difficultés à affronter. La 7 donne la réponse.

Pour ce tirage, seuls les arcanes majeurs sont utilisés. Eventuellement ces sept cartes peuvent être ensuite recouvertes par sept arcanes mineurs.

Petit tirage

Trois cartes sont utilisées. Elles sont tirées par le consultant parmi les 22 arcanes majeurs. La première carte représente le consultant. La deuxième carte indique les problèmes et peut représenter la personne avec laquelle il existe des difficultés. La troisième carte est celle de l'avenir et des solutions à adopter.

Pour approfondir l'interprétation il sera possible de recouvrir ces trois cartes par trois arcanes mineurs une fois, deux fois ou trois fois.

Tirage des deux triangles

Sept cartes sont utilisées. Il s'agit d'arcanes majeurs qui seront ensuite recouverts par des arcanes mineurs.

La première carte est placée au centre. Elle représente le consultant. Les trois cartes qui seront tirées ensuite seront placées en forme de triangle dont la pointe est en haut. Une carte sera au-dessus de la première et les deux autres de part et d'autre mais un peu au-dessous de la première carte.

Une autre série de trois cartes est tirée pour être disposée également en triangle, mais cette fois avec la pointe en bas. Donc la cinquième carte tirée sera placée au-dessous de la première et les deux autres de part et d'autre mais un peu au-dessous de celle qui représente le consultant.

Les trois cartes composant le triangle dont la pointe est en haut sont les cartes favorables. Les trois autres, qui forment un triangle dont la pointe est en bas, sont défavorables

Les cartes renversées

Une méthode consiste à tenir compte du sens de la carte

lorsque le consultant la tire. Les tirages se font comme indiqué, mais toutes les cartes renversées prennent une signification qui correspond au contraire de leur signification normale.

Nous arrêtons là cette énumération qui deviendrait vite fastidieuse sans apporter des éléments utiles ou complémentaires pour le tirage du Tarot.

VOYANCE, INTERPRÉTATION ET PRÉDICTIONS

Nous venons de nous pencher sur toute la richesse du Tarot, ce merveilleux livre de la Vie qui contient, image par image, tout ce qui peut intervenir dans la vie d'un homme, d'une femme ou d'un enfant.

Nous sommes les héritiers d'un savoir et d'une connaissance qui nous sont parvenus depuis un très lointain passé et que nous devons redécouvrir et utiliser avec beaucoup de respect.

Qu'importe l'origine historique réelle de ce trésor. Nous ne pouvons que formuler des hypothèses basées sur des indices parfois incertains. Gardons-nous de nous fabriquer des vérités en partant de ces hypothèses.

La vérité absolue nous dépasse et les arcanes du Tarot nous enseignent que ce n'est que par un long chemin initiatique que nous nous en approcherons pas à pas. Ces arcanes, nous les avons découverts un à un. Nous avons constaté toute la complexité de leurs significations. Nous ne pouvons plus accepter de considérer qu'une carte du Tarot n'a qu'un sens, un sens précis que nous pourrions répéter mécaniquement comme une leçon bien apprise. Chaque arcane, au contraire, nous propose avec une certaine ambivalence plusieurs significations possibles et parfois leur contraire. Chaque arcane entrouvre une porte, soulève un coin du voile du mystère, et c'est à nous de comprendre, de ressentir et d'interpréter selon la situation pour laquelle nous interrogeons le Tarot.

Il est possible de méditer longuement devant chacun des 22 arcanes majeurs. Les indications que nous avons données sont forcément incomplètes car chaque arcane nécessiterait un livre complet pour tenter de percer seulement une partie de ses mystères. Méditer est un exercice qu'il est bon de pratiquer. En partant des éléments qui accompagnent chacun de ces arcanes, pensez profondément à tous les détails de l'image. Chaque fois, vous découvrirez de nouvelles indications qui viendront compléter utilement votre savoir. Aucun détail n'est à négliger. Les personnages, leur visage, leur attitude, leurs vêtements et tout ce qui les accompagne ont de profondes significations. Aux éléments les plus apparents viennent s'ajouter d'autres "détails" plus subtils tel que le langage des nombres. La numérotation des arcanes n'est pas un simple classement utilitaire; c'est un véritable langage qui nous plonge dans de réelles sciences qui ont pour nom la numérologie et l'arithmomancie. Les sujets de méditation sont nombreux, mais parmi eux citons le symbolisme des couleurs.

Les arcanes sont tous de couleur vive. Nous y trouvons le bleu, le rouge, le jaune et l'ocre qui rappelle la couleur de la chair. Lorsque, par exemple, la tour de la Maison-Dieu nous est présentée de couleur ocre, nous pouvons en déduire qu'elle ne représente pas un bâtiment mais qu'elle représente un personnage. Le bleu est la couleur de la nuit; elle est lunaire et désigne quelque chose de secret, de féminin. C'est la couleur du manteau de l'Ermite et du manteau de la Papesse. Le rouge désigne ce qui est masculin, il est aussi le symbole de la force psychique. C'est le manteau du Pape. Le jaune est la couleur du soleil mais aussi celle de la terre, de l'or et de la lumière intellectuelle.

Ce ne sont là que quelques exemples. Le chemin initiatique sur lequel le Tarot nous invite à nous engager est une véritable voie d'évolution vers la sagesse. L'ambivalence y est toujours présente sans qu'il s'agisse de manichéisme. Nous avons à choisir : la voie active ou la voie passive, la voie solaire ou la voie lunaire, la découverte du monde extérieur ou la découverte du monde intérieur. Pour établir notre choix et nous engager sur ce chemin initiatique, le Tarot nous offre sa science inépuisable : ses sources astrologiques, kabbalistiques, alchimiques, maçonniques... et bien d'autres encore.

Le symbolisme du Tarot constitue la possibilité de découvrir et de nous enrichir sans cesse. Il contient tout. En l'étudiant de plus en plus profondément, nous arrivons à ne plus mettre au premier plan ses qualités divinatoires qui souvent sont celles qui nous ont amené à nous intéresser à lui.

Voyance

Le tarot est l'élément essentiel des Arts divinatoires qui sont souvent rassemblés sous l'appellation de Sciences occultes ou encore de Voyance.

Il est bon de répéter que "la divination" est un art qui met en évidence le parallèle qui existe entre l'inspiration de l'artiste créateur (peintre, musicien, poète) et l'intuition ou la médiumnité de celui qui est qualifié de voyant.

Il serait grand temps de réhabiliter l'expression "Sciences occultes" qui pour beaucoup a pris le sens de "mystères malsains". Parce que ces sciences de ce qui est caché ou occulté ont été dénigrées et pourchassées pendant des siècles d'obscurantisme et de matérialisme, le mot "occulte" a été souvent interprété comme étant un synonyme de magie, de sorcellerie ou de spiritisme.

Enfin la voyance est le fait de voir différemment. Lorsque vous regardez le papier peint du mur de votre logement en pensant à autre chose, vous vous apercevez soudainement que vous ne voyez plus les fleurs, les ramages ou les formes abstraites habituelles, mais que vous découvrez un visage, un animal ou toute autre chose. C'est là une forme de voyance.

Lorsque vous vous penchez sur un arcane du Tarot, ce n'est plus une petite image naïve que vous regardez, mais tout un monde d'inspiration où vous "voyez" une foule de symboles qui font voyager votre esprit loin, très loin, sans altérer votre lucidité, mais au contraire en la développant; vous devenez vraiment extra-lucide.

Interprétation

Voir dans les cartes du Tarot les significations des symboles de chaque arcane nécessite une mise en condition du "voyant". Il est évident que celui qui a trop mangé ou trop bu ou qui a le cerveau et les sens embués par une tabagie excessive ne peut obtenir que des résultats très limités. Attention donc aux abus !

Pour “se mettre en condition favorable” certains voyants ont besoin d’un décorum fait de lumières, de tentures et de bien d’autres éléments de “mise en scène”. Si ce folklore peut les aider... pourquoi pas ? D’autres pratiquent un rituel basé sur des connaissances du symbolisme et d’autres encore disent une prière. C’est à chacun de ressentir ce qui lui convient sans se laisser entraîner vers des pratiques inutiles, grotesques ou même négatives. Un lieu agréable dans lequel on “se sent bien”, une petite prière dite avec sincérité ne peuvent que favoriser les qualités d’un voyant.

Le voyant doit savoir se débarrasser, du moins momentanément, de ses propres problèmes avant de commencer une consultation. Il peut être regrettable, ou même dangereux, de prendre le risque de projeter ses problèmes et ses fantasmes dans l’interprétation des symboles qui se ferait alors en fonction de soi-même et non du consultant. Chacun doit s’adapter à un rythme qui lui est propre. La durée d’une consultation importe peu, c’est l’interprétation la plus fine des symboles qui la détermine. De même, certains ressentiront une sorte de lassitude après avoir reçu un petit nombre de personnes. D’autres, au contraire, sentiront se développer en eux des qualités accrues et un réel plaisir au fur et à mesure de leurs interrogations du Tarot pour des consultants successifs. Nous pouvons comparer leur “énergie” à celle de ces poètes ou de ces peintres qui passent allègrement leur nuit à travailler sans se rendre compte du déroulement des heures et sans éprouver la moindre fatigue. Leur force, leur inspiration, d’où vient-elle ? La puisent-ils en eux-mêmes ou la reçoivent-ils d’ailleurs ? Ce qui est évident c’est qu’ils ne doivent pas la rechercher par des moyens artificiels tels que l’alcool ou la drogue. Que d’exemples d’autodestruction provoquée par ceux qui ont voulu “forcer leur talent”, leur inspiration ou leur médiumnité !

Lorsque les cartes ont été retournées, le voyant examine les arcanes qui apparaissent. Il les connaît bien et, sans avoir à se concentrer pour réfléchir, il peut spontanément exprimer une interprétation. Il le fera la plupart du temps en lui-même, afin de ne pas courir le risque de troubler son consultant puisque cette première interprétation peut être contredite par une autre carte. Il est préférable d'avoir réuni une série d'éléments pour commencer à parler. On s'aperçoit alors que les paroles prononcées correspondent à des interprétations raisonnées mais qu'il s'y ajoute des phrases qui jaillissent spontanément, intuitives ou inspirées, qui ne passent pas par la réflexion et le raisonnement.
Connaissance et intuition sont les deux qualités indispensables et complémentaires d'un voyant. La connaissance comprend un savoir qui englobe le symbolisme, l'ésotérisme, le vécu, etc... ainsi que l'utilisation technique du support de voyance, en l'occurrence le Tarot. L'intuition vient d'ailleurs (peut-être du fond de son propre inconscient) et jaillit spontanément. Ces deux qualités doivent être maîtrisées et elle ne peuvent l'être que par une longue pratique.

Comment le Tarot peut-il révéler des informations que personne ne connaît, pas même le consultant ? C'est là tout le mystère de la voyance et de ses interprétations.

La main du consultant est guidée par son inconscient qui connaît toutes les réponses. Il est curieux de constater que deux consultations successives pour une même personne lui font tirer les mêmes cartes ou des cartes entraînant les mêmes interprétations.
Ne plaçons pas systématiquement dans ces révélations mystérieuses l'intervention de Dieu ou des forces diaboliques. Sans nier ces puissances, laissons-les à leur place et ne les mêlons pas sans cesse à notre quotidien.

Des théories scientifiques récentes et notamment les travaux du physicien français Jean Charon tendent à mettre en évidence la connaissance totale qui est en nous. Les alchimistes du Moyen Age l'avaient pressenti, des physiciens de la fin du XXe siècle le confirment. D'après ces découvertes récentes, les électrons qui participent à la constitution de l'être humain existent depuis la création de l'Univers. Ils ont participé et participeront à de multiples vies humaines, animales ou végétales. Ces électrons sont faits de matière et d'esprit et conservent la mémoire de tout ce qu'ils ont "vécu". Ils ont donc toute la mémoire du passé. Mais s'il est exact, toujours selon la science de notre époque, que le temps n'est pas linéaire, passé, présent et avenir se confondent. Nos électrons, comme ceux de notre consultant, possèdent la mémoire du passé, du présent et de l'avenir. Comment ces informations enfouies en nous très au-delà de notre conscient nous sont-elles révélées ? La réponse ne nous a pas été donnée. Contentons-nous modestement de profiter de ce qui nous est offert. Le réservoir est vaste; si réservoir il y a.

Nous avons en nous un nombre incalculable de ces électrons "magiques". Il faut savoir qu'il y a dans un centimètre cube d'air, malgré sa limpidité, autant d'électrons que ce qu'il y a d'étoiles dans tout l'univers.

Le tirage des arcanes des Tarots nous donne toutes les réponses que nous souhaitons. Mais ces réponses sont exprimées par les valeurs éternelles du symbolisme et par l'éveil de nos qualités intuitives ou médiumniques.

A nous de nous placer en état de réceptivité et de réunir les qualités indispensables pour traduire correctement les informations révélées.

L'interprétation d'une voyance est la charnière entre cette voyance et la prédiction qu'attend le consultant. Gardons-nous bien de prendre le risque d'avoir vu juste mais d'interpréter faux.

Prédictions

Lorsque les cartes du Tarot ont été tirées et retournées, trois phases successives de la consultation se déclenchent.

Nous venons de commenter les deux premières qui sont tout d'abord la voyance et puis l'interprétation.

Mais le consultant est impatient, il est venu vous trouver parce qu'il a besoin de connaître quels seront les événements qui vont se présenter à lui.

Pour le voyant c'est la phase la plus délicate, c'est là que sa responsabilité peut être déterminante pour les décisions que devra prendre la personne qu'il a en face de lui.

Bien sûr l'éternelle opposition entre le déterminisme et le libre arbitre est toujours présente. Est-ce que le futur est totalement écrit ? Allons-nous vers des événements dont la réalisation est inéluctable ? L'expérience permet de penser que les deux idées sont complémentaires. Il existe en chacun de nous des tendances, un chemin de vie, qu'on peut aussi appeler karma. Mais le libre arbitre a sa place et le fait d'être "averti" doit permettre d'atténuer les conséquences fâcheuses comme de mieux profiter des possibilités heureuses. Une tendance ou un karma peuvent et doivent être dépassés. Il existe des fatalités, mais pour elles aussi la façon de les vivre a une importance essentielle.

L'un des rôles est de prédire les événements à venir en donnant au consultant les meilleures armes pour les affronter. Ces indications, ces conseils, ces armes sont inscrits dans les arcanes du Tarot. C'est au "voyant" de les "voir", de les interpréter correctement et de les communiquer au consultant de telle façon qu'il puisse en tirer le meilleur profit.

La consultation de voyance n'est pas un exercice de psychologie. Cependant lorsqu'il a "vu" et "interprété", lorsqu'il en arrive aux prédictions, le voyant doit dans de nombreux cas posséder des qualités lui permettant de s'exprimer avec beaucoup de psychologie.

Tout d'abord, la plus élémentaire modestie ordonne de ne pas affirmer brutalement qu'un événement tragique va se produire dans la vie du consultant ou d'un membre de sa famille. Souvenons-nous, une erreur d'interprétation est toujours possible. Combien "d'apprentis voyants" ont affirmé sans ménagement qu'un décès allait survenir, alors que l'arcane 13 (le Squelette) annonçait une renaissance. La psychologie du voyant est comparable à celle du médecin. De plus, les cartes tirées par le consultant fournissent de précieuses indications sur son caractère. Devant un malade en danger de mort un médecin, sûr de son diagnostic, tiendra compte de l'état d'esprit de son patient. Parfois il lui annoncera le danger qu'il court sachant que la combativité et le désir de vivre du malade vont le dynamiser pour réagir favorablement et inciter son organisme à lutter contre la maladie. Dans le cas contraire, en présence d'un pessimiste, il évitera de provoquer un choc psychique qui risquerait d'entraîner un découragement et un désespoir pouvant avoir des conséquences fatales. Le consultant ne doit pas être trompé, mais il faut savoir ce qui doit ou ce qui peut être dit et comment le dire.

Bien sûr, pour atteindre cette qualité dans la conclusion de la consultation, il faut que le voyant soit bien équilibré, qu'il aime sincèrement ceux qui s'adressent à lui pour désirer fortement leur apporter son aide. Son vécu et son expérience doivent lui permettre de trouver des solutions satisfaisantes. Ces solutions, ces conseils, il devra les exprimer de la façon la plus convaincante pour que le consultant en retire le meilleur profit.

Il est certain que les arcanes du Tarot que le consultant a tirés, suite à la question ou aux questions posées, contiennent tous les éléments de réponse et encore plus que cela. L'interprétation conduit à des déductions qui sont autant de prédictions. Mais, inconsciemment, ces mêmes interprétations poussent le voyant à exprimer d'autres prédictions qui lui paraissent intuitives. C'est comme une chaîne sans fin dont les maillons entraînent une immense roue, la Rota, la Roue du Destin.

CONCLUSION

Le but de cet ouvrage est essentiellement de faire aimer le Tarot en mettant en évidence la richesse qu'il contient. Cette richesse est "à la portée de tous".

Pour aimer, il faut connaître. Le monde infini des tarots doit être découvert petit à petit. Nous avons entrepris de vous proposer cette découverte des tarots par leurs qualités divinatoires qui ne sont qu'une mince partie de tout ce qu'ils représentent.

La divination par les arcanes du tarot peut être entreprise par ceux qui ne sont aucunement initiés. L'explication de chacune des 78 cartes a été formulée pour permettre une utilisation pratique et facile de ce grand livre qui contient toutes les réponses aux questions qui peuvent lui être posées.

Nous avons exposé les significations des symboles de chaque arcane, qu'il s'agisse des 22 arcanes majeurs ou des 56 arcanes mineurs. Mais ces explications seraient insuffisantes si nous ne tenions pas compte des influences des arcanes les uns par rapport aux autres. Ces éléments complémentaires vous permettront de vous familiariser rapidement avec la manipulation de ces cartes dans les différents tirages que nous décrivons en détail.

Les personnes qui pratiquent le tirage des tarots pourront compléter ou approfondir leurs connaissances en faisant de ce livre un point de départ vers une meilleure utilisation de cet exceptionnel instrument divinatoire. Les débutants possèdent un véritable manuel de base pour découvrir un monde nouveau qui les passionnera, qui leur sera utile et dont les mystères les entraîneront vers une meilleure connaissance d'eux-mêmes et des autres.

LES 22 RAYONS DE LA DIVINE LUMIÈRE

ou La numérologie des tarots

Les 22 lames du Tarot correspondent chacune à un chemin initiatique dont les méandres nous sont révélés par les symboles qui s'harmonisent jusque dans leurs moindres détails.

De 1 à 22, toutes les situations qu'un être humain peut rencontrer sont évoquées et approfondies. L'évolution de ces situations, les tendances, les possibilités et les obstacles sont éclairés, illuminés par ces 22 rayons dont la source inaccessible se situe dans un "inconnu" à la fois lointain et très proche.

Source des inspirations, source des intuitions et de la médiumnité, souffle divin qui nous “souffle” au plus profond de notre inconscient le bon cheminement de l’interprétation et de la divination. “Divination”, ce mot dont les premières syllabes nous répètent “divin”.

Les symboles vibrent en nous, autour de nous et sur chacune des lames du Tarot. Mais le nombre qui reflète chacune des lames vibre de l’ensemble de ses vibrations. Il est à la fois total, harmonie et synthèse.

Qu’un nombre surgisse et c’est la lame tout entière qui vibre merveilleusement de tous ses symboles. Et ces vibrations viennent de loin... de très loin... Elles s’épanouissent dans ces 22 rayons qui diffusent leurs énergies et nous atteignent pleinement dans notre mental, dans notre esprit et dans notre âme.

Vingt-deux, un nombre que l’humanité vénère de multiples façons. Il est considéré comme étant “la manifestation de l’être dans la diversité et dans l’histoire” ; dans l’espace comme dans le temps. Dès l’antiquité il annonce cette quatrième dimension, dont les hommes de notre siècle ont fait “la découverte” ; mais il annonce aussi les mystères d’autres dimensions. Mystères du temps écoulé, conclusion de la création et porte ouverte sur des mondes inconnus, le 22 est la somme des lettres de l’alphabet hébraïque.

Dans cet alphabet chaque lettre constitue une force puissante qui existe matériellement, crée une communication vibratoire avec toute la création et diffuse ses vibrations vers l’immatériel, dans les niveaux les plus subtils des êtres et des choses.

Les 22 lettres hébraïques ont un rapport direct avec la divinité par son nombre, le 7, qui symbolise “la totalité de l’espace et la totalité du temps”.

Curieusement, si nous divisons par 7 le nombre 22 nous obtenons 3,14, le nombre trancendant qui établit le rapport de “la sphère de l’espace” au diamètre du “cercle de la spiritualité”.

La Kabbale est réellement la Roue des Lettres, ou encore la Rota. Et nous savons que la Rota c’est aussi le TAROT.

La vingt-deuxième et dernière lettre de l’alphabet hébraïque est le TAU. Ce signe est celui de la perfection qui couronne les efforts. C’est la réussite dans l’apothéose. La lettre TAU est une totalité, celle de tous les mondes de l’Univers dans leur perfection. C’est aussi le mystère révélé, la connaissance et le savoir.

La vingt-deuxième et dernière lame du Tarot est le Fou. Oswald Wirth dit de lui qu’il est celui qui ne s’illusionne pas sur la vanité de son savoir. Il sait surtout que l’achèvement de son travail n’est que relatif et qu’un nouveau cycle est toujours à entreprendre même au-delà des bornes de la raison.

C’est “la roue qui tourne” dans l’ineffable lumière de ses 22 rayons.

Le 22, nous le retrouvons dans les 22 chapitres de l’Apocalypse attribuée à saint Jean. Nous le rencontrons souvent et notamment avec les 22 Grands Maîtres de l’Ordre du Temple. Le martyre du dernier de ces Grands Maîtres symbolise concrètement la fin d’un cycle.

Chaque nombre nous offre des significations qui peuvent nous guider, nous aider et nous préserver.

Depuis les antiques langues numérales qui nous ont laissé ces extraordinaires monuments que sont les textes canoniques, nous savons que la création est révélée par les nombres et qu'ils véhiculent tous les mystères et toutes les vérités. L'être humain n'est pas un témoin. Il participe à l'évolution de cet univers dont il est un élément en interdépendance avec tous les autres éléments.

La numérologie est une science. Tout est nombre et révélé par les nombres.

Le tarot nous enseigne par les nombres de ses 22 lames, de ses "22 rayons de la divine lumière" qui éclairent un symbolisme vivant, à la fois éternel et évolutif. Chaque personnage, chaque objet, chaque couleur, chaque élément apparent ou évoqué, depuis les étoiles du cosmos jusqu'au bouton d'un vêtement, est chargé des valeurs du symbole qu'il constitue et des énergies qu'il diffuse.

Le Tarot est vivant depuis des millénaires, caché, discret ou insolemment présent dans notre quotidien.

Par chacun des nombres de ses 22 rayons il nous accompagne tout au long de notre vie, dès notre naissance et jusqu'à l'aboutissement du cycle que nous vivons sans trop savoir pourquoi et vers quoi.

Notre date de naissance composée de trois éléments principaux : le jour, le mois et l'année, nous offre déjà un livre ouvert dans lequel sont inscrits les éléments majeurs de notre personnalité, de nos tendances, de nos vertus possibles et de leurs contraires.

Savoir lire ce livre, c'est mieux se connaître, c'est pouvoir utiliser chaque tendance révélée dans son sens positif, c'est être alerté par rapport aux difficultés annoncées et informé des qualités qu'il nous faudra cultiver.

L'image de chaque lame représentée simplement par son nombre, nous la retrouvons sans cesse par notre identité : nom, prénom, surnom, pseudonyme. Nous la retouvons dans ces nombres qui parfois jaillissent spontanément de notre inconscient où nous les puisons volontairement, sans les choisir, et qui savent aussi apparaître dans nos rêves, au plus profond des mystères du sommeil.

Un travail sur soi, une connaissance de plus en plus subtile de chaque lame, une recherche toujours poursuivie quant à la force et à la vie des symboles, une évolution dirigée et une maîtrise chaque jour plus affirmée de la sensibilité, de l'intuition et de toutes les perceptions extra-sensorielles, amènent à vivre dans un monde différent qui n'est plus celui des apparences mais qui devient le monde de la réalité.

Le nombre est là, apparemment neutre et figé. Derrière lui un voile, un écran, et au-delà l'inconnu qui peut nous être en partie révélé si nous le méritons. Les qualités nécessaires nous ont été offertes avec la vie. Parmi ces qualités, il en est une que nous ne devons pas délaisser, c'est la possibilité de choisir, de développer toutes les autres ou de feindre de les ignorer.

Nous sommes libres d'avancer sur le chemin de la connaissance ou de rester dans une obscure immobilité. Si le mouvement peut engendrer l'erreur, l'immobilité n'engendre que l'erreur. Un vieux proverbe zen nous dit "Qui s'arrête se trompe." Notre libre arbitre nous permet de choisir... et de nous tromper.

Chacun peut se préparer à soulever un coin du voile, à passer de l'autre côté du miroir, à dépasser la matière et les apparences. Il suffit de prendre conscience que chaque être humain en est capable et de s'engager sur le chemin initiatique de la connaissance, sur cette route jalonnée par les symboles des nombres et des lames du Tarot, voie royale brillamment éclairée par "les 22 rayons de la divine lumière".

COMMENT INTERROGER LES 22 RAYONS DE LA LUMIÈRE DIVINE

1 - Par la date de naissance

Chaque date de naissance fournit des indications précieuses. Elle ne détermine pas une carrière, mais elle peut être très utile pour éviter, par exemple, des erreurs regrettables dans une orientation professionnelle.

Par la date de naissance nous est révélé le caractère profond et parfois encore inapparent, les tendances imaginatives, créatives, dynamiques, affectives, etc... Nous y décelons la sentimentalité, le goût de la justice, de l'indépendance, des voyages, des arts, des écrits, etc... Mais les tendances contraires sont également inscrites telles que le repli sur soi, l'isolement, la timidité, l'indolence, l'égoïsme... jusqu'au diabolisme. Tout est là sous nos yeux par l'interprétation des lames du Tarot vibrant avec chaque nombre. Les qualités et les défauts nous sont présentés pour tous les humains, hommes et femmes.

C'est encore le "connais-toi toi-même" qui va pouvoir nous guider si l'image que nous nous sommes faite de nous-même ne nous aveugle pas. C'est la possibilité d'aider les autres à mieux se connaître ou à mieux connaître ceux dont ils sont responsables, par exemple leurs enfants.

Reprenons le cas qui se présente fréquemment, celui de l'orientation. Si nous trouvons par la date de naissance une tendance créative avec le sens et le goût des arts auxquels s'ajoutent un tempérament actif et un désir de bouger et de voyager, nous en déduirons que cette personne ne pourra pas s'épanouir si elle est dirigée vers des tâches de secrétariat ou une activité professionnelle totalement sédentaire qui risque de l'isoler.

Cette personne sera "mal dans sa peau" et sujette à des états dépressifs. Cependant, une activité secondaire, un "violon d'Ingres", en accord avec ses goûts et ses tendances, peut l'aider à rétablir son équilibre sans porter atteinte à sa situation matérielle.

Que de cas rencontrés où des gens prisonniers de leurs nécessaires besoins matériels n'ont pas réussi à les concilier avec leurs véritables aspirations et ont, petit à petit, sombré dans une dégradation de leur psychisme qui a entraîné des états dépressifs et des perturbations de leur santé jusqu'à de graves maladies.

Etre "bien dans sa peau", c'est vivre en harmonie avec soi-même avec sa vraie nature... à condition de savoir ce qu'elle est et d'en avoir conscience ; donc de bien se connaître.

La date de naissance est la première clé de la connaissance de soi. Elle révèle des pulsions caractérielles difficiles à maîtriser, des avantages à exploiter et des épreuves à subir.

Pourquoi chaque être humain est-il ainsi “marqué” plus ou moins favorablement dès sa naissance ? La question reste posée : hérédité génétique, vie antérieure, karma ?

Ces “marques”, quel que soit le nom qu’on leur donne, ne sont pas destinées à être subies passivement. Nous devons et pouvons les comprendre pour les dépasser. La date de naissance peut aider à cette compréhension. Il conviendra ensuite d’agir en fonction de ces révélations. Ce n’est pas toujours facile, mais c’est possible.

Chaque date de naissance se compose de trois éléments que nous prenons dans l’ordre suivant : le jour, le mois, l’année.

Le jour nous l’inscrivons en premier dans la colonne de gauche. Si son nombre est égal ou supérieur à 10, nous le réduisons et inscrivons le résultat au-dessous. Par exemple 12 est réduit à 3 (1+2), 10 est réduit à 1 (1+0). Il se peut qu’une troisième ligne soit nécessaire. Par exemple pour quelqu’un qui est né un 29. Ce nombre est réduit à 11, et 11 est réduit à 2 (1+1).

Cette réduction ne supprime l’analyse du premier nombre que s’il est supérieur à 22.

Le mois. Nous procédons de même pour le mois dont le nombre sera éventuellement réduit. Cette réduction sera placée sur la dernière ligne.

L’année. Nous plaçons l’année en troisième colonne sur la première ligne et nous additionnons tous les chiffres. Par exemple l’année 1992 devient 1 + 9 + 9 + 2 = 21.

Ce nombre sera placé sur la deuxième ligne et sa réduction 3, sur la troisième ligne.

Nous obtenons ainsi
le tableau ci-contre
en prenant par exemple une
personne née le
28-12-1991 :

Jour	Mois	Année
28	12	1991
10		20
1	3	2

Nous additionnons les nombres de la dernière ligne soit 1 + 3 + 2 = 6. Si ce nombre était égal ou supérieur à 10 nous le réduirions et obtiendrions un nombre de plus qui entrerait dans notre analyse.

En fonction de la lame du Tarot qu'il représente chaque nombre sera étudié individuellement et par colonne, de gauche à droite

Jour le 10 et le 1,
Mois le 12 et le 3,
Année le 20 et le 2.

Il convient de relever les oppositions qui sont indiquées par la répétition d'un nombre. Le 2 représente une dualité et lorsqu'un nombre apparait deux fois cette répétition va créer une force à tendance négative. Si ce nombre apparaît trois fois, cette force négative est annulée et ce 3 annonce une force plus puissante de la tendance positive, le trois étant symbole de réalisation.

Des nombres peuvent se trouver en opposition, par exemple le 10 (dynamisme) et le 9 (lenteur). Le 10 plus puissant va renforcer le dynamisme sans altérer les qualités du 9.

En fonction de la connaissance de chaque lame et de l'analyse globale de ces lames, comme cela se fait pour un tirage, les conclusions seront données. Elles laisseront place à l'intuition, à l'inspiration, en provenance des "rayons" révélés.

Pour illustrer concrètement la façon d'analyser une date de naissance, voici quelques exemples. Tout d'abord quatre personnes rencontrées au cours d'un stage sur "le Tarot divinatoire et initiatique" que nous avons animé à Paris en 1992. Ces stagiaires qui ont participé à l'établissement de chaque analyse — sauf chaque fois l'intéressé — ont tous reconnu l'exactitude de cette méthode*.

Un homme né le 19 mai 1935
Le 19 se réduit à 10 qui se réduit à 1.
Le 5 ne se réduit pas.
1935 soit 1 + 9 + 3 + 5 = 18 qui se réduit à 9.

Le tableau se présente comme suit :

Jour	Mois	Année
19	5	1935
10		18
1	5	9

La dernière ligne 1 + 5 + 9 = 15 se réduit à 6.

*Kamina Brochka et Charly Samson animent régulièrement des stages à Paris et à Montpellier. Pour tous renseignements leur écrire à l'adresse suivante : "La Pommeraie" 9 rue Lapérouse 34970 Lattes.

Interprétation

Le 19 - Le Soleil (page 54).

Sens de la perfection, gloire qui rayonne et fertilisation. L'intéressé est effectivement organisé et méticuleux, d'un très bon contact avec les autres et a su "fertiliser" son entreprise professionnelle.

Le 10 - La Roue de Fortune (page 36).

Malgré des difficultés relativement normales, il prend sa vie en main et la maîtrise dans l'équilibre et la stabilité. Rien n'est laissé au hasard.

Le 1 - Le Bateleur (page 18).

Cette lame est celle du dynamisme et de l'individualisme qui permet de prendre successivement de nouveaux départs dans la vie. Dans le cas présent, l'intéressé venait de vendre son entreprise et organisait sa prochaine activité.

Le 5 - Le Pape (page 26).

Cette lame est celle de la communication, des bons contacts avec les autres et de la transmission des connaissances. L'intéressé, dans sa profession, a souvent été appelé à former des apprentis.

Le 18 - La Lune (page 52).

Imagination fertile, créativité, poésie et rêverie. Caractère réfléchi mais souvent inquiet. Il est à remarquer une opposition créée par les contradic tions du 18 (la lune) et du 19 (le soleil). Cela va entraîner des périodes d'humeur tantôt positives et tantôt négatives où se succèdent l'optimisme et l'anxiété.

Le 9 - L'Ermite (page 34).

Une vie intérieure intense qui ne fait pas exprimer tout ce qui est ressenti et tout ce qui est souhaité. Isolement, timidité et possible repli sur soi. Le temps de la réflexion est toujours important. Cette lenteur est heureusement atténuée par le dynamisme du 10.

Le 15 - Le Diable (page 46).

Caractère passionné et goût du risque. Engagera toutes ses forces pour obtenir une réussite matérielle. Le 15 révèle un tempérament impulsif. Attrait pour les plaisirs de la vie. Cependant la présence du 18 et du 9 va créer une intériorité des réactions impulsives qui ne seront pas exprimées. Possibilité de "colères rentrées".

Le 6 - L'Amoureux (page 28).

Les hésitations dans les choix et au cours de la réflexion (voir le 9) risquent parfois de retarder l'action. Malgré le dynamisme il existe un certain risque de manque de confiance en soi.

Synthèse

En présence de cette date de naissance il peut être dit ceci : personnage changeant correspondant à la qualification populaire de "lunatique". Malgré les épreuves qui peuvent le perturber, il a la possibilité d'aller de l'avant sans trop se laisser abattre.

Les bons contacts avec les autres favorisent les professions à caractère commercial.

Les nombres 5, 18 et 9 apportent une curiosité pour tout ce qui concerne l'ésotérisme avec le désir d'étudier et de transmettre.

Cet homme rencontré en 1992 correspond à ce type de caractère. Il exerce une profession artisanale, forme des apprentis et n'hésite pas à changer de lieu pour améliorer ses résultats financiers. D'un très bon contact avec les autres, il paraît réservé et même timide ce qui ne fait que voiler son caractère entreprenant et dynamique mais parfois inquiet. Il a entrepris un travail sur lui-même et une recherche par des études, comme par exemple le Tarot, et souhaite pouvoir transmettre plus tard ses connaissances.

Une femme née le 9 juin 1949.
Le 9 ne se réduit pas.
Le 6 ne se réduit pas.
1949, soit 1 + 9 + 4 + 9 = 23 qui se réduit à 5.

Le tableau se présente comme suit :

Jour	Mois	Année
9	6	1949
		23
9	6	5

La dernière ligne = 9 + 6 + 5 = 20 se réduit à 2.

Interprétation

Le 9 - L'Ermite (page 34).

Vie intérieure intense qui fait ne pas exprimer tout ce qui est ressenti et tout ce qui est souhaité. Jardin secret, isolement, timidité et possibilité de repli sur soi. Recherche dans le domaine de l'ésotérisme. Avant l'action, le temps de la réflexion est important. Sentimentalement, les attachements sont sincères et profonds.

Le 6 - L'Amoureux (page 28).

Difficulté de choisir dans des circonstances essentielles qui ne manqueront pas de se présenter. Manque de confiance en soi.Les hésitations vont ralentir l'évolution et cette situation est en rapport avec la lenteur de l'Ermite.

Le 23 - Notre analyse s'arrête au 22. Donc tout nombre supérieur à 22 n'est pris en compte que dans sa réduction.

Le 5 - Le Pape (page 26).

Cette lame est celle de la communication, des bons contacts avec les autres et de la transmission des connaissances. Elle est aussi celle de la sagesse, de l'indulgence et de la méditation, dans un climat de modestie. La modestie correspond aux hésitations du 6 et à la lenteur du 9. Mais le 5 permet de découvrir des possibilités cachées. Timidité et réserve ne signifient pas repli sur soi et isolement définitif. Lorsque naîtra la confiance en soi, il sera possible d'aller vers les autres, de communiquer et de transmettre.

Le 20 - Le Jugement (page 56).

Cette lame révèle des tendances intuitives, mystiques et ésotériques. Elle peut avoir une influence positive ou négative. Elle peut apporter une prise de conscience soudaine, un éveil à la vie spirituelle et à la voyance. Des rencontres inattendues sont à prévoir. Elles sont favorables.

Le 2 - La Papesse (page 20).

Grande sensibilité. Besoin d'être aimé et stimulé. Lame du mystère et des choses cachées. Elle désigne une intelligence fertile, patiente et intuitive.

Synthèse

En présence de cette date de naissance il peut être dit ceci : nous remarquons quatre nombres (9 - 5 - 20 - 2) qui ont un rapport avec l'ésotérisme, la recherche intérieure, l'inspiration, l'intuition et le mysticisme qui ne manqueront pas de se manifester à un moment ou à un autre de la vie.

Au départ, timidité, réserve, possible manque de confiance en soi. L'évolution de cette situation peut être provoquée par une rencontre inattendue.

En ce qui concerne cette personne rencontrée en 1992, elle avait une longue période correspondant à la première partie de notre analyse. Mais elle vivait un grand tournant de son existence, correspondant à cette évolution profonde de sa personnalité, à la suite d'une rencontre sentimentale inattendue qui l'avait révélée à elle-même.

Sa prise de conscience fut subite, surprenante pour elle. A partir de ce tournant elle est capable de vivre sa personnalité profonde jusqu'alors inexprimée. Elle pourra alors vivre pleinement sa sérénité qu'elle commence à ressentir.

Une femme née le 25 juin 1953.
Le 25 se réduit à 7.
Le 6 ne se réduit pas.
1953, soit 1 + 9 + 5 + 3 = 18 qui se réduit à 9.

Le tableau se présente comme suit :

Jour	Mois	Année
25	6	1953
		18
7	6	9

= 7 + 6 + 9 = 22 se réduit à 4.

Interprétation

Le 7 - Le Chariot (page 30).

Lame liée aux voyages positifs et au dynamisme. Bonne organisation des activités et faculté de prendre rapidement des décisions en ne laissant rien au hasard.

Le 6 - L'Amoureux (page 28).

Cette lame contredit la précédente car elle est celle de la difficulté de choisir, du manque de confiance en soi, des hésitations et de la lenteur. Donc, le 6 va être neutralisé ou diminué par la puissance du 7.

Le 18 - La Lune (page 52).

Imagination, fertilité, créativité, poésie et rêverie. Caractère réfléchi et inquiet.

Le 9 - L'Ermite (page 34).

L'Ermite chemine en solitaire. Il garde ses acquis. Lame de la réflexion, de la méditation et du goût pour les études ésotériques. C'est également la lame de la patience et de la prudence.

Le 22 - Le Fou (ou le Mat) (page 60).

Possibilité de poursuivre son chemin sans se préoccuper de ce qui l'entoure. Indifférence au jugement des autres. L'imagination fertile dépasse la compréhension et s'exprime dans le domaine des arts.

La combinaison des nombres 22, 18 et 9, reflète une attirance pour les études, la lecture, les écrits.

Le 4 - L'Empereur (page 24).
Volonté, autorité, amour de créer et de dominer. Un besoin de stabilité et une maîtrise de soi.

Synthèse

En présence de cette date de naissance il peut être dit ceci : l'intéressée sera amenée à beaucoup voyager. La curiosité intellectuelle la poussera à s'intéresser à tout ce qui paraît être mystérieux, ésotérique et caché. Le savoir sera complété par une imagination très vive et créative se projetant toujours vers l'avenir. Possibilité de ressentir les difficultés avec une certaine appréhension. Poésie et imagination n'excluent pas le réalisme qui dirige l'organisation de la vie. Besoin de voyager, de connaître et de savoir, mais avec la nécessité de posséder la sécurité d'un ancrage solide.

Cette personne rencontrée en 1992 était venue de l'étranger pour suivre notre stage sur les Tarots à Paris. Elle voyage pratiquement sans arrêt et étudie non seulement dans le domaine de l'ésotérisme mais aussi à propos des mystères concernant des personnages historiques. S'intéresse activement aux écrits.

Un homme né le 26 août 1954
Le 26 se réduit à 8.
Le 8 ne se réduit pas.
1954, soit 1 + 9 + 5 + 4 = 19 se réduit à 10 qui se réduit à 1.

Le tableau se présente comme suit :

Jour	Mois	Année
26	8	1954
		19
		10
8	8	1

La dernière ligne = 8 + 8 + 1 = 17 se réduit à 8.

Interprétation

Le 8 - La Justice (page 32).

Dans cette date de naissance, le 8 domine et il apparaît trois fois. Nous savons que le même nombre apparaissant deux fois crée une opposition. Lorsqu'il apparait trois fois, au contraire, les caractéristiques du nombre sont puissamment renforcées et réalisées. Le 8, c'est la recherche d'équilibre et de justice, parfois jusqu'à la perfection. En mathématique, le huit couché est le symbole de l'infini. Ce besoin d'équilibre est indiqué par les plateaux de la balance. Cette personne est capable de prendre position catégoriquement et de se battre pour des idées justes.

Cette lame désigne une personne réfléchie, d'un bon jugement, vis-à-vis des autres et des affaires. Une grande prudence lui dicte des décisions et des actions positives. La réflexion peut parfois retarder l'action ce que symbolise le dessin du 8, car lorsqu'on dessine ce chiffre on risque de tourner en rond et de ne pas en sortir.

Cependant, dans le cas que nous étudions il est évident que les trois 8 signifient une réalisation. Cette lame qui se rapporte aussi aux interventions d'hommes de loi peut annoncer un goût pour ces professions ou le fait d'avoir affaire avec. L'intéressé n'exerce pas une profession dans le domaine de "la justice" mais défend les idées et les gens dans sa vie lorsqu'il s'agit de causes justes. Le 8 indique également l'impossibilité de tirer un profit injuste de situations qui pourraient permettre d'exploiter les autres. L'intéressé possède un sens social très développé. Il exerce une activité secondaire de magnétiseur avec beaucoup de générosité et de dévouement désintéressé.

Le 19 - Le Soleil (page 54).

Sens de la perfection, gloire qui rayonne et fertilisation.

Chez l'intéressé le sens de la perfection est évident ainsi que le rayonnement de son charisme. Quant à la gloire ?... On verra plus tard... Fertilisation il désire apprendre, évoluer, se perfectionner et trans mettre ses acquis généreusement aux autres.

Le 10 - La Roue de Fortune (page 36).

Malgré les difficultés, il prend sa vie en main, la maîtrise et va de l'avant, toujours à la recherche d'équilibre et de stabilité. Il réfléchit et ne laisse rien au hasard. Lors de cette analyse, des événements récents de sa vie venaient de confirmer ces qualités.

Le 1 - Le Bateleur (page 18).

Lame du dynamisme et de l'individualité. Il prend sa vie en main sans avoir recours aux autres. Il est capable de prendre successivement de nouveaux départs.

Le 17 - L'Etoile (page 50).

Cette lame est celle de la réceptivité et de l'inspiration qui vient "d'ailleurs" (du cosmos). On y retrouve la fertilité. Les étoiles rappellent encore la lame 8, la justice, qui symbolise l'équilibre, la stabilité et l'intelligence coordonnant l'équilibre de l'Univers. Elles apportent à l'esprit la lumière, l'espoir, l'harmonie, l'amour et le goût des arts.

Synthèse

En présence de cette date de naissance il peut être dit ceci : personnalité réfléchie, assoiffée de justice, qui transmettra ses connaissances et ses énergies. Toujours à la recherche de la perfection. Grande réceptivité et attirance vers le domaine des arts. Dévouement aux autres.

En ce qui concerne ce cas étudié en 1992, ces éléments se sont manifestés dans l'adolescence et ont commencé à se réaliser aux environs de 33 ans. Cette évolution cor-

Ces quatre analyses sont des exemples qui ont permis à des stagiaires de constater en fin de stage qu'ils avaient acquis des connaissances suffisantes pour les effectuer. Il est évident qu'un travail quelque peu succinct au départ se complète petit à petit par une meilleure connaissance des lames du Tarot, de leur symbolisme, et, par éventuellement, un travail en commun en cours et stages d'initiation ou de perfectionnement*.

respond à un chemin initiatique qui peut amener l'intéressé à une profonde réalisation.

Il nous a paru intéressant d'étudier les dates de naissance de personnages célèbres du passé. Nous ne connaissons pas toujours leur tempérament et leurs caractéristiques intimes, mais nous pouvons suivre le cheminement de leur existence et sa correspondance avec leur date de naissance.

Dans les pages suivantes nous analyserons dans l'ordre chronologique les dates de naissance des personnages suivants :

* Molière né le 15 janvier 1622 ;
* Mesmer né le 23 mai 1734 ;
* Jules Verne né le 8 février 1828 ;
* Hitler né le 20 avril 1889 ;
* De Gaulle né le 22 novembre 1890.

Peut-être tenterez-vous d'analyser vous-même ces dates de naissance avant de consulter les pages suivantes ?

* Cette méthode, que nous avons découverte, travaillée et mise au point ne peut être enseignée que dans nos propres stages ou par des personnes formées par nos soins et dûment accréditées. Les sessions des différents stages ou cours rassemblent au maximum 15 personnes.

MOLIÈRE

Date de naissance 15 - 01 - 1622.
Le 15 se réduit à 6.
Le 1 ne se réduit pas.
1622, soit 1 + 6 + 2 + 2 = 11 qui se réduit à 2.

Le tableau se présente comme suit :

Jour	Mois	Année
15	1	1622
		11
6	1	2

La dernière ligne = 6 + 1 + 2 = 9.

Interprétation

Le 15 - Le Diable (page 46).

Caractère passionné, goût du risque, n'hésite pas à critiquer dans ses pièces de théâtre les puissants de son époque. Le 15 donne un attrait aux plaisirs de la vie et Molière les appréciait. La passion du théâtre et la passion amoureuse furent les moteurs de sa vie.

Le 6 - L'Amoureux (page 28).

Le 6 est un nombre "sexuel", mais il est aussi le symbole d'un choix entre le bien et le mal.
Molière a choisi de fustiger le mal qu'il dénonçait à travers le comportement de ses contemporains l'avare, le misanthrope, les médecins, etc...

Le 1 - Le Bateleur (page 18).

Molière a été le créateur d'un genre théâtral et il se trouve le premier — on pourrait dire “en tête d'affiche” — de sa troupe de comédiens. Son style est nouveau, original. Molière personnifie exactement le Bateleur, jeune, dynamique, beau parleur et en représentation. Cependant il a besoin d'être aidé et entouré et c'est le 2 qui nous le révèle (la Papesse). Effectivement, ce qu'il fait dire à ses comédiens lui attirerait les foudres des puissants s'il n'était pas protégé de très près par le roi Louis XIV. D'autre part ses pièces de théâtre n'auraient pas été efficaces sans la présence permanente autour de lui de sa troupe de comédiens.

Quand le 1 et le 2 apparaissent dans une étude de date de naissance, on se trouve en présence d'une personne très individualiste mais qui a besoin des autres et n'accepte pas de le reconnaître.

Le 11- La Force (page 38).

Une force physique et une force intérieure. La vie d'un homme de théâtre itinérant qui dirigeait sa troupe de comédiens au XVIIè siècle exigeait une force physique, une santé au delà de la normale. Mais en plus, les difficultés de toutes sortes, y compris les rivalités, ne pouvaient être affrontées qu'avec une force intérieure de haut niveau. Réussite intellectuelle.Succès dans le travail. C'est par l'intelligence que les projets aboutissent à des succès.

Le 2 - La Papesse (page 20).

Voir deuxième paragraphe du 1, le Bateleur. Grande sensibilité. Besoin d'être aimé et stimulé. La Papesse est la lame du mystère et des choses cachées "qu'elle ne révèle pas". Le mystère règne encore autour de Jean-Baptiste Poquelin, dit Molière. Des historiens se sont penchés et se penchent encore sur ce personnage qui, simple comédien, avait acquis "l'amitié" du roi. Certains se sont posé la question "Louis XIV était-il l'inspirateur direct de Molière ? A-t-il collaboré à l'écriture de certaines de ses pièces ?" C'est un mystère, et la vérité n'a pas été révélée.

Le 9 - L'Ermite (page 34).

Ce nombre pourrait paraître contradictoire car Molière vivait en public et avec le public. Cependant son œuvre était celle d'un solitaire qui, comme l'Ermite, cachait son savoir sous un vaste manteau, celui de la lumière qui l'inspirait, lumière cachée qui pouvait être celle du Roi-Soleil.

Les personnages de Molière lui permettent de se poser des questions sur la société, sa morale et sa philosophie. Sa recherche intérieure comporte une grande sagesse et un certain retrait par rapport aux mœurs qu'il décrit. Chez Molière nous trouvons la recherche intérieure et intellectuelle, mais aussi la passion exprimée par le 15 qui est en tête de sa date de naissance.

MESMER

Date de naissance 23 - 05 - 1734.
Le 23 se réduit à 5.
Le 5 ne se réduit pas.
1734, soit 1 + 7 + 3 + 4 = 15 qui se réduit à 6.

Le tableau se présente comme suit :

Jour	Mois	Année
23	5	1734
		15
5	5	6

La dernière ligne = 5 + 5 + 6 = 16 se réduit à 7.

Interprétation

Le 5 - Le Pape (page 26).

Le premier nombre est le 5, mais le deuxième nombre est également le 5 et nous trouvons une dualité, une opposition par rapport à ce nombre. Ce 5 transmet la connaissance qu'il a acquise. C'est ce qu'a tenté de réaliser Mesmer en publiant les résultats de ses travaux sur la découverte du magnétisme animal. La connaissance reçue et accumulée n'est pas transmise, en raison de l'opposition des deux 5. Une force puissante et une inspiration d'origine mystérieuse se retournent contre l'intéressé. Il s'agit d'une connaissance quasi mystique. Mesmer était un "initié" et un scientifique. Il était membre de la Franc-Maçonnerie où il avait été reçu avec son ami Mozart. Le rituel de Mesmer autour de son baquet avec costume lilas, éclairages et musique peut correspondre à une démesure entraînant une faiblesse importante*.

Le 15 - Le Diable (page 46).

Caractère passionné. L'influence des combinaisons de forces accumulées pousse a assouvir les

* Une étude détaillée des découvertes de Mesmer et de sa personnalité sont dans le livre de Charly Samson " L'art de pratiquer le Magnétisme et le Sophromagnétisme" (Ed. Librairie de l'inconnu).

passions. Le 15 caractérise le goût du risque. La ten tative de rénovation de la médecine était particu lièrement risquée dans le contexte de la science de cette époque. Le 15 est toujours en relation avec la matière et Mesmer a affirmé la matérialité du magnétisme, ce qui pour certains de ses contem porains pouvait paraître “diabolique”.

Le 15 donne un attrait aux plaisirs de la vie. Il peut s’agir également d’une entreprise que l’intéressé tient à réaliser, mais dans le négatif cette entreprise peut aboutir à l’insuccès et à l’échec. Cet échec apparent à son époque est venu du fait que Mesmer, écœuré par les oppositions de ses contemporains, a eu des réactions de colère et de violence, caractéristiques du 15, qui l’ont poussé à se retirer de la vie publique sans avoir transmis une partie importante des découvertes qu’il avait annoncées.

Le 6 - L’Amoureux (page 28).

C’est le nombre qui caractérise les hésitations. Deux voies se présentaient devant Mesmer transmettre ou ne pas transmettre toutes les découvertes qu’il avait annoncées. Il a été influencé par l’incompréhension manifeste de ceux qui auraient profité de ses méthodes. Devant les épreuves il était vraiment seul pour prendre ses décisions.

Le 16 - La Maison Dieu (page 48).

Caractère têtu pouvant aller jusqu'à la rupture, qui peut être motivé par l’orgueil ou la vanité. Pour Mesmer, trop de succès dans un premier temps qui a entraîné un arrêt brutal car il était convaincu de la justesse de sa méthode.

La Maison Dieu représente une tour foudroyée par la justice divine. La tour, c'est l'homme, et c'est la tête qui est atteinte. Mesmer a été atteint dans les idées qu'il voulait propager et rejeté par la justice (ou l'injustice) des instances supérieures dans son domaine qui était la médecine. Le 16 peut n'être qu'un avertissement, mais qui peut entraîner la démolition. C'est généralement ce qui arrive aux personnages en avance sur leur temps.

Le 7 - Le Chariot (page 30).

Le Chariot c'est le voyage, mais ce voyage peut ne pas être géographique. Le chemin initiatique peut être un long voyage. Mesmer a parcouru symboliquement un long chemin d'études et d'expérimentations avant d'annoncer ses découvertes.

Malgré les oppositions des deux chevaux, il tient bien les rênes et mène sa vie dans la direction de sa logique.

JULES VERNE

Date de naissance 08 - 02 - 1828.
Le 8 ne se réduit pas.
Le 2 ne se réduit pas.
1828, soit 1 + 8 + 2 + 8 = 19 qui se réduit à 10 qui se réduit à 1.

Le tableau se présente comme suit :

Jour	Mois	Année
8	2	1828
		19
		10
8	2	1

La dernière ligne = 8 + 2 + 1 = 11 se réduit à 2.

Nous remarquons une opposition avec deux fois le nombre 2.

Interprétation

Le 8 - La Justice (page 32).

Il est difficile de connaître le caractère réel et intime des personnages du passé. Par ses écrits, Jules Verne révèle un sens profond de la justice et de l'équilibre. Le 8 désigne une personne réfléchie, d'un bon jugement vis-à-vis des autres et des affaires, ce qui a été son cas.

Le 2 - La Papesse (page 20).

Grande sensibilité. Besoin d'être aimé et d'être stimulé. La Papesse est la lame du mystère et des choses cachées qu'elle ne révèle pas. Chez Jules Verne le goût du mystère est évident. Cependant il révèle des éléments prémonitoires tels que le sous-marin, les voyages autour du monde, etc. Cette opposition des 2 fait qu'il ne révèle qu'en partie. Par un codage astucieux il ne soulève qu'un coin du voile dans certains romans. Par exemple dans son livre "Clovis Dardentor" qui a un rapport direct avec les mystères de Rennes-le-Château.

N'oublions pas que Jules Verne est un contemporain de l'abbé Saunière et que ce roman a été publié cinq ans après le séjour de ce dernier à Paris.

Le 19 - Le Soleil (page 54).
Sens de la perfection et de la gloire qui rayonne. Eléments évidents dans la vie de cet écrivain. Le 19 fertilise et nous constatons que son œuvre a fertilisé un genre littéraire aujourd'hui en vogue, la science-fiction. Le 19 symbolise aussi l'expression heureuse des talents littéraires ou artistiques.

Le 10 - La Roue de Fortune (page 36).
Il prend sa vie en main, la maîtrise et va de l'avant malgré les oppositions qui pourraient le freiner. Le 10 joue un rôle actif. Effectivement l'activité ou la productivité de Jules Verne est impressionnante. Il ne laisse rien au hasard et transmet cette énergie aux personnages qu'il imagine.

Le 1 - Le Bateleur (page 18).
Jules Verne est le premier dans ce style d'écriture et réalise concrètement ce qu'il souhaite. Il représente un départ, un commencement dans son domaine littéraire et professionnel. Comme le Bateleur, il reçoit l'inspiration, il l'harmonise avec son imagination qui va jusqu'à l'infini. Le chapeau du bateleur a la forme de l'omega. Cet auteur crée des personnages, des situations, des lieux, ... et les fait accepter par le public non plus par la parole du bonimenteur, mais par ses écrits.

Le 11 - La Force (page 38).
Une force physique et une force intérieure. Réussite intellectuelle. Succès dans le travail. C'est par l'intelligence que les projets aboutissent à des succès.

telligence que les projets aboutissent à des succès.

HITLER

Date de naissance 20 - 04 - 1889.
Le 20 se réduit à 2.
Le 4 ne se réduit pas.
1889, soit 1 + 8 + 8 + 9 = 26 qui se réduit à 8.

Le tableau se présente comme suit :

Jour	Mois	Année
20	4	1889
		26
2	4	8

La dernière ligne = 2 + 4 + 8 = 14 se réduit à 5.

Interprétation

Le 20 - Le Jugement (page 56).

Ce nombre révèle des tendances intuitives, mystiques et ésotériques. Il peut avoir une influence soit positive soit négative.Pour ce personnage nous trouvons dans sa vie les éléments suivants : mission à accomplir, ivresse spirituelle, illuminisme, conscience obscurcie.

Le 2 - La Papesse (page 20).

Dualité. Besoin d'être stimulé, entouré et aimé. C'est la lame de la dissimulation et de l'hypocrisie. Au nombre 2 il manque une unité pour atteindre la réalisation que symbolise le 3.

Très souvent les personnes marquées par un 2 ont du mal à aller jusqu'à l'aboutissement de leur action.

Le 4 - L'Empereur (page 24).

L'Empereur représente l'autorité, la volonté, l'amour de créer et de dominer. Cette lame peut annoncer des dispositions pour une carrière politique, elle peut mener à l'entêtement, à la tyranie.

Le 8 - La Justice (page 32).

Recherche de justice et d'équilibre. Ces deux mots correspondent aux arguments du futur dictateur à la recherche de la prise du pouvoir dans un pays où régnaient injustice, déséquilibre économique et politique à la fin des années vingt de notre siècle. Le 8 dans le sens négatif annonce prétentions et autorité abusives, situations illégales et malhonnêtes, intolérance et sectarisme.

Le 14 - La Tempérance (page 44).

Cette lame est favorable à toute communication. C'est la lame du magnétisme et du charisme. Effectivement tous ceux qui ont rencontré ce personnage on tété frappés par son "regard magnétique" et par son charisme. Il est évident qu'il fallait qu'il possède ces qualités pour conquérir l'adhésion d'un peuple en prétendant promouvoir la race pure des grands blonds alors que physiquement il était tout le contraire.

Le 5 - Le Pape (page 26).

Cette lame se rapporte au mysticisme pouvant aller jusqu'au fanatisme. En transmettant sa philosophie comme le Pape transmet son enseignement. Hitler a bousculé les valeurs morales et spirituelles pour atteindre un fanatisme d'illuminé.

Les personnes marquées par ces nombres peuvent en développer les tendances dans un sens positif ou négatif. Les racines et l'environnement culturel sont à prendre en compte. Hitler, illuminé et placé dans un contexte particulier, se croyait dans la vérité d'autant plus qu'il était disposé à rechercher l'influence de membres de sociétés secrètes dont la philosophie le poussait aux pires outrances.

Avant d'établir l'analyse des tendances révélées par une date de naissance, il est indispensable de bien connaître les interprétations possibles et contradictoires des nombres qui la composent.

DE GAULLE

Date de naissance 22 - 11 - 1890.
Le 22 se réduit à 4.
Le 11 se réduit à 2.
1890, soit 1 + 8 + 9 + 0 = 18 qui se réduit à 9.

Le tableau se présente comme suit :

Jour	Mois	Année
22	11	1890
		18
4	2	9

La dernière ligne
= 4 + 2 + 9 = 15 se réduit à 6.

Interprétation

Le 22 - Le Fou ou le Mat (page 60).

Cette lame peut-être considérée comme représentant la fin d'un cycle et le point de départ d'un nouveau cycle.

* Le général De Gaulle marque la fin d'un cycle avec son appel du 18 juin 1940 qui officialise la cassure historique avec ce qui fut la troisième république et avec l'acceptation de la défaite par le nouveau gouvernement de la France.
* En 1944, après la libération, il est le fondateur de la quatrième république. C'est le début d'un nouveau cycle historique.
* En 1958, il est rappelé "aux affaires" pour clore le cycle de la quatrième république et ouvrir le nouveau cycle de la cinquième république.

Le 22 désigne une très grande imagination qui dépasse la compréhension. Cette imagination peut entraîner celui qui la possède vers le domaine des arts. Dans les dernières années de sa vie le général De Gaulle a entrepris une œuvre littéraire en écrivant ses mémoires.

Le 4 - L'Empereur (page 24).

Le 4, c'est l'empereur. Il représente l'autorité, la volonté, l'amour de créer et de dominer. Cette lame peut annoncer des dispositions pour une carrière politique.

Le 11 - La Force (page 38).

Force physique et force intérieure. Réussite intellectuelle. Succès dans le travail. C'est par l'intelligence que les projets aboutissent à des succès.

Le 2 - La Papesse (page 20).

La Papesse est la lame du mystère et des choses cachées. Le général De Gaulle a été le chef de la Résistance, de la guerre secrète et de "l'armée de l'ombre" durant l'occupation. La Papesse désigne une intelligence fertile, patiente et intuitive. Elle symbolise la dualité, l'unité qui recherche son complément et son opposition. L'unité de la France a été préservée par De Gaulle avant la réalisation de son "complément" en supprimant "l'opposition" du gouvernement de Vichy par la libération. Conciliation des contraires.

Le 18 - La Lune (page 52).

Imagination et création. Dans le cas de De Gaulle, cette imagination est renforcée par le 22. Les cycles naissent dans l'obscurité de la nuit.

Le 9 - L'Ermite (page 34).

Tel que l'ermite cheminant seul, De Gaulle a toujours été plus ou moins seul dans ses décisions. Pour atteindre le but recherché, le chemin à parcourir sera long, mais le résultat est certain. Deux périodes : celle de l'occupation de la France par les Allemands et de la préparation de la libération, celle dite de "la traversée du désert" avant le retour au pouvoir et la création de la cinquième république. La combinaison du 22, 18 et 9 marque le goût pour les études, la lecture et les écrits.

Le 15 - Le Diable (page 46).

Caractère passionné. De plus, le 15 caractérise le goût du risque. Le 15 est toujours en relation avec la matière. Les philosophie et politique de De Gaulle aboutissent à des réalisations concrètes et matérielles.

Le 6 - L'Amoureux (page 28).

Ce nombre symbolise le face à face avec un choix important. Ce fut le cas de De Gaulle tout au long de sa vie. Citons son départ en Angleterre alors qu'il était membre du gouvernement, son choix à propos de l'Algérie, sa décision de démissionner, etc...

Celui qui connaît ce que révèle sa date de naissance possède la première clé qui le conduira à la connaissance de lui-même.

Les indications et les avertissements sont autant d'éléments qui lui permettront de mieux profiter de ses chances, puisqu'elles lui sont connues, et de se préparer à maîtriser tout ce qui lui est révélé de désagréable ou de négatif. Rien de tout cela n'est à négliger ou à subir passivement.

Nous avons constaté qu'un travail sur soi, basé sur des techniques de respirations, de relaxations, de méditations, etc... crée une maîtrise des tendances et des pulsions permettant de les dépasser et même les inverser*.

Un personnage religieux et mystique au comportement exemplaire, et que nous connaissons bien, a réussi ce renversement des tendances et des pulsions.

Parmi les nombres de sa date de naissance, le 15 très fort, révèle la matérialité, le caractère coléreux, les pulsions violentes, la sexualité, etc... Cet homme jeune et "initié" a utilisé le symbolisme du 11 pour dompter, apprivoiser, la puissance de ses pulsions. En fait par son travail sur lui-même, il est parvenu à transformer le 15 en 11 ce qui représente une évolution et une victoire peu ordinaires.

2 - Par quatre nombres

Nous retrouvons les mêmes possibilités que celles que nous avons examinées par le tirage de quatre lames (Tirage en croix, page 191).

Nous savons que c'est l'inconscient qui guide la main du consultant et lui fait "choisir" une carte plutôt qu'une autre. Ici, l'inconscient intervient encore plus directement.

Demander à la personne de citer spontanément et sans réfléchir quatre nombres compris entre 1 et 22. L'ordre dans lequel ces nombres sont cités correspond à l'ordre d'un tirage.

Chaque nombre représente la lame du Tarot à laquelle il correspond. En visualisant cette lame, tous ses symboles, toutes ses significations apparaissent instantanément.

Il sera possible également de visualiser la lame de synthèse. L'interprétation est alors identique à celle d'un tirage en croix.

L'analyse de quatre nombres est utile lorsqu'une question est posée hors de la présence de l'intéressé, par exemple lors d'une communication téléphonique.

---

* Pour entreprendre un travail sur soi ou développer les résultats d'un travail en cours, Charly Samson et Kamina Brochka animent à Paris et à Montpellier des stages tels que : "L'art du sophromagnétisme", "Voyance et perceptions extra-sensorielles", "Dynamique et maîtrise mentales", "Le Symbolisme, clé de la connaissance". Pour tous renseignements écrire à l'adresse suivante : la Pommeraie, 9 rue Lapérouse - 34970 Lattes. Nous effectuons ce même "tirage" mais sans avoir recours concrètement aux "cartes".

3 - Par d'autres méthodes

Autour de nous tout est nombre et cette "foule" de nombres vibre et diffuse de puissantes énergies vers les êtres, les choses, les lieux et les événements.

Cette "Numérologie des tarots" peut être diffusée de plusieurs autres façons que nous nous proposons de publier plus tard, afin de ne pas précipiter une progression qui doit rester "à la portée de tous".

Cette progression comportera une étude toujours plus poussée du symbolisme et un travail sur soi qui développera toutes les perceptions extra-sensorielles. Alors s'harmoniseront l'état de sérénité, le savoir qui dépasse l'intellect, la connaissance inscrite au plus profond de l'inconscient, l'intuition et l'inspiration véhiculées par une médiumnité sans cesse développée.

Les nombres qui sont attachés à chaque élément de la création depuis l'infiniment petit jusqu'à l'infiniment grand ne sont jamais le fruit du hasard.

Comme les dates de naissance, ou ceux qui jaillissent spontanément de l'inconscient, d'autres nombres vibrent avec nous : nom, prénom, adresse, ville, pays, etc...

Par exemple des initiatives représentent déjà une somme de symboles et de vibrations très significatives. Elles peuvent compléter utilement l'analyse de la date de naissance et révéler les différences qui marquent des personnes nées le même jour.

Dans certains cas, ces initiales dépassent le personnage et dévoilent des aspects liés à son époque et à ses actions.

Citons un seul exemple en rapport avec des événements mondiaux. La lame 8, la Justice, représente un personnage armé d'un glaive qu'il tient de la main droite. Cette justice symbolise l'ordre et l'organisation. Oui, mais quel ordre et quelle organisation au service de quelle "justice" ?

Nous avons rencontré ce 8 dans l'analyse de la date de naissance d'Hitler. Mais de plus son initiale, le H, est la huitième lettre de l'alphabet.

C'est le glaive d'une "certaine justice" qui par intolérance et sectarisme punit cruellement ceux qui ne se soumettent pas à ses lois.

Le prénom Adolf, c'est l'initiale A, première lettre de l'alphabet. Elle annonce un commencement. L'avènement de ce dictateur a effectivement marqué le commencement, l'avènement d'une nouvelle période de l'histoire de notre civilisation où tout s'est accéléré sous le signe du glaive et de l'ambiguïté de la lettre H, donc du nombre 8.

Je me souviens d'une étude faite au début des années cinquante. Cette étude confirmait la présence du 8 dans les grands événements qui allaient nous concerner après la tragédie de la deuxième guerre mondiale.

Cependant, ce ne serait plus le commencement, mais la suite et le 2 allait succéder au 1, donc le B au A.

Le 2, le B, c'est la Papesse, lame des dissimulations, des hypocrisies, des contradictions et des choses cachées. Examinons tout cela en rapport avec les personnages qui ont été au premier plan de l'évolution de l'Afrique du Nord.

* **Maroc** : H A S A N II (2 = B).
Prince héritier en 1957. 1 + 9 + 5 + 7 = 22.
Roi en 1961. 1 + 9 + 6 + 1 = 17 = 8.

* **Tunisie** : Habib BOURGUIBA.
Premier Président de la République en 1957.
1 + 9 + 5 + 7 = 22.

* **Algérie** : Hoari BOUMEDIENNE
Président de la République en 1965.
C'est en 1966 qu'il installa un régime militaire qui provoqua de violentes oppositions. Il réduisit ces oppositions au silence en 1966.
1 + 9 + 6 + 6 = 22.

Et la forte emprise du H semble toujours s'exercer sur des chefs d'états importants. En 1957, en Irak, un militaire entreprend une carrière politique. Il s'appelle Sadam HUSSEIN.
1957. 1 + 9 + 5 + 7 = 22.

La numérologie des Tarots s'applique à tous les êtres et à tous les événements. Différente mais complémentaire de la numérologie classique, elle est plus concrète car elle s'appuie sur la visualisation quasi spontanée des lames que représentent les nombres, de leur symbolisme et de la richesse des interprétations qu'elles nous inspirent.

CONCLUSION

Dans la conclusion de la première partie de ce livre, nous terminions en rappelant qu'il n'était qu'un point de départ vers une meilleure connaissance de cet exceptionnel instrument divinatoire qu'est le Tarot.

La réédition de cet ouvrage "Tarots à la portée de tous" nous a donné l'occasion de proposer une nouvelle étape de cette connaissance avec notre "numérologie des Tarots" "Les 22 rayons de la Divine Lumière".

Tout n'a pas été dit, loin de là, et la roue des Tarots tourne sans interrompre la marche du temps et notre possible cheminement sur le chemin initiatique qu'elle nous offre.

Il convient d'aller lentement pour aller sûrement. C'est pour cela que nous avons rédigé cet ouvrage que nous avons voulu "à la portée de tous".

Pour bien utiliser quelque instrument que ce soit, il faut tout d'abord le connaître. Connaître les Tarots n'est jamais définitif. Ce ne peut être qu'une progression, mais elle est indispensable.

Le tarologue est celui qui a approfondi les richesses symboliques et initiatiques des Tarots. Il en a étudié les multiples signes et a travaillé pour mieux connaître chaque symbole dans l'ambivalence de ses possibles significations. Il peut utiliser ses connaissances pour interpréter et prédire, mais ce n'est pas son but premier qui est de se trouver lui-même au bout de cette longue route qui marque toujours un nouveau départ.

Que de fois avons-nous entendu parler de "tarologie" par des gens qui ignoraient presque tout de cette science qu'ils confondaient avec les habituels tirages de cartes et d'oracles.

Le taromancien est celui qui utilise la tarologie pour interpréter et prédire en fonction de différentes méthodes de tirage. Il est évident qu'un tarologue peut en taromancie créer ses propres méthodes. Au-delà du savoir et de la pratique, l'intuition et l'inspiration occupent toujours une place importante.

C'est ainsi que Kamina Brochka a ressenti sa "numérologie des Tarots". Connaissance, Savoir, Intuition, Inspiration - nous pourrions dire Médiumnité (dans le vrai sens de ce mot) - ont été les éléments qui petit à petit nous ont révélé les richesses des "22 rayons de la divine lumière".

Ces richesses sont infinies et nous tenons à transmettre tout ce qu'elles nous ont offert et ce qu'elles ne manqueront pas de nous offrir encore.

Cette première communication est à nouveau "un premier pas" qui est à la portée de tous.

La marche de l'Ermite est une succession de pas. Nous souhaitons que tous ceux qui auront lu ce livre s'identifient au Bateleur pour entreprendre avec enthousiasme ce travail sur une nouvelle route où de lame en lame ils "se" découvriront. Ils découvriront aussi comment parvenir à la Divination, illuminés par "les 22 rayons de la divine lumière".

TABLE DES MATIERES

LivreS UtileS

LE VERITABLE TAROT TZIGANE

Auteur : Tchalaï

Où est-elle, l'âme des Tziganes, simplement dans celle de leurs violons ? Est-elle dans leurs yeux de diamant noir, leurs cheveux bleus, leurs voix fascinantes et incomprises ? Est-elle sur tous les chemins où ils sont partis ? Dans l'image qu'ils évoquent, feu et vent et eau courante ? Dans les lignes de leurs paumes, qu'ils savent si bien scruter chez les autres ? Dans tous les noms qu'on leur a donnés ? Dans les Royaumes Indiens qu'ils ont quittés ? Dans le "coeur de feu parmi les astres" d'où ils croient venir ? Dans leur mauvaise réputation ? Dans leurs rituels de naissance, leurs recettes de guérison ? Ce livre répond à toutes vos questions. Tchalaï y explique une par une les cartes de son célèbre Tarot Tzigane, donne de nouvelles méthodes de tirages et de très nombreux exemples inédits pour en affiner l'approche, elle vous enseigne dans quelles circonstances l'utiliser et ce qu'il peut apporter d'autre. Vous découvrirez comment la profonde vitalité des "ethnies roms" peut, à travers les images colorées de leur histoire cachée et de leur inconscient, vous révéler le sens de votre présent et jeter des lumières inattendues sur ce qui vous attend. Enfin, vous savourerez au quotidien, dans le creux de votre Ame, la violence et la sagesse qui, du fond des âges, ont guidé les Tziganes dans leur marche sublime et terrible sous les étoiles. **Prix : 95 F**

LE LIVRE DE L'ORACLE GE

Auteur : Gérard Barbier

Voici enfin le livre explicatif du célèbre jeu l'Oracle Gé. L'auteur indique avec précision la valeur de chaque lame ainsi que ses méthodes de tirages. Ce jeu n'est pas réservé exclusivement aux professionnels mais aussi à tout particulier s'intéressant à son avenir ou à celui de ses proches. En effet, chaque carte est très facile d'interprétation, les dessins et figures les composant étant des symboles simples, courants, donc facilement assimilables par tous. C'est en pratiquant que vous vous familiariserez avec ces symboles et ainsi ce jeu pourra vous dévoiler votre avenir et répondre à vos questions. L'interprétation étant simple vous pouvez ainsi, non seulement tirer les cartes aux autres mais aussi à vous-même. Pour tout possesseur de l'oracle Gé ce livre deviendra très vite un outil indispensable.

Prix : 90 F

LivreS UtileS

TAROT DE LA REUSSITE

Auteur : Colette Sylvestre

La réussite dans les entretiens professionnels, les relations affectives ou encore dans tous les rapports au quotidien que nous avons avec notre entourage passent souvent par la communication. Déterminer avec précision vos forces et vos défaillances dans le domaine de la communication mais également découvrir les potentialités et les faiblesses de vos interlocuteurs faciliteront la réalisation de vos projets et une meilleure entente dans votre vie sentimentale et familiale. L'auteur a voulu dans cet ouvrage mettre à votre disposition toutes vos possibilités de chance et de réussite dans votre vie de chaque jour en vous permettant de mieux vous connaître et de mieux comprendre les autres. Pour vous aider, vous trouverez dans ce livre, des tirages précis qu'il vous sera facile d'interroger et qui répondront à toutes vos interrogations. **Prix : 98 F**

MANUEL PRATIQUE D'UTILISATION DU PENDULE EGYPTIEN

Auteur : J.L. Caradeau

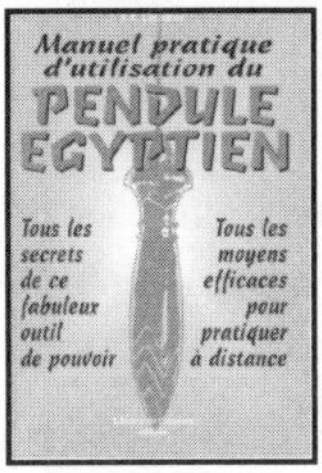

L'auteur bien connu comme praticien des sciences traditionnelles et occultes (créateur du pendule des bâtisseurs), vous livre dans cet ouvrage les fruits de son expérience en matière d'utilisation du pendule égyptien. Il vous fait découvrir les étonnantes possibilités de ce pendule, qui en font une "véritable machine à souhaits". Il vous aide à choisir parmi tous les modèles de pendules égyptiens celui qui vous convient le mieux, en fonction de vos objectifs, et de votre tempérament. Il vous explique comment l'associer à la pyramide pour vous "stimuler psychiquement", développer vos capacités personnelles ou pratiquer des soins à distance... En résumé, l'auteur vous livre les techniques permettant de tirer le meilleur parti possible de cet instrument merveilleux qu'est un pendule égyptien. Vous y trouverez également les meilleures méthodes de radiesthésie d'investigation adaptées aux spécificités du pendule égyptien. Tout cela est tellement facile avec l'un ou l'autre des pendules décrits dans ce livre que vous serez capable de le réaliser au bout de seulement quelques jours d'entraînement (si vous n'êtes pas doué), de quelques heures (si vous êtes doué). **Prix : 110 F**

LIVRES UTILES

COURS COMPLET DE RADIESTHÉSIE

Auteur : J. Fangain

Voici le livre qui, jusqu'à ce jour, faisait cruellement défaut dans le domaine si passionnant de la Radiesthésie. **Le cours le plus complet, le plus pratique donc le plus efficace** avec lequel vous deviendrez en quelques leçons un radiesthésiste chevronné. Bien maîtrisée, la radiesthésie permet d'obtenir instantanément et avec une précision absolue la réponse à toutes les questions que vous pouvez vous poser sur votre passé, votre présent et votre avenir.

Cela paraîtra incroyable à beaucoup et pourtant, lorsque vous aurez lu ce livre, vous constaterez vous-même que les résultats seront au rendez-vous. L'auteur, qui dispense depuis de nombreuses années des cours et des stages de radiesthésie, a apporté un soin particulier aux explications et aux exemples pratiques. **Prix : 99 F**

NOUVEAU GUIDE PRATIQUE DE RADIESTHESIE

Auteur : Yvon Lavalou

L'auteur explique que, si la radiesthésie fait appel à un certain magnétisme, chacun de nous peut le développer facilement. On ne compte plus les boursicoteurs, joueurs, guérisseurs et autres chercheurs qui ont fait de leur pendule un véritable "décideur". Des exercices pratiques et des tests simples vous aideront à progresser rapidement. **Prix : 90 F**

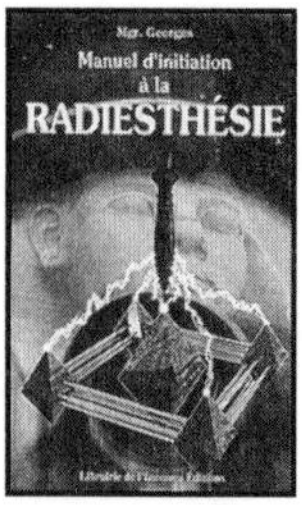

MANUEL D'INITIATION A LA RADIESTHESIE

Auteur : Mgr Georges

Ce manuel a pour but précis de vous initier aux différents mouvements du pendule et de vous amener très vite à pratiquer la radiesthésie. Il vous donne l'occasion de choisir le pendule qui vous sera le plus favorable pour pratiquer avec efficacité. Facile d'accès, il vous permettra d'accéder à tous les domaines concernant la radiesthésie. Avec de nombreuses cartes pendulaires. **Prix : 95 F**

LivreS UtileS

NOUVEAU GUIDE D'UTILISATION DES PYRAMIDES

Auteur : R.P. Georges

Que sont les pyramides ? Des temples ? des tombeaux ? A quoi servaient-elles vraiment ? Les chercheurs du monde entier et les égyptologues eux-mêmes s'interrogent. Ce que l'on sait, c'est que la pyramide est un véritable catalyseur d'énergie. Utilisée de nos jours pour toutes sortes de choses, on sait que sa forme particulière est capable de focaliser notre pensée et d'en augmenter considérablement les vibrations. Son aide est précieuse dans de nombreux domaines, et le chercheur, pour peu qu'il s'en donne la peine, peut réaliser toutes sortes d'expériences étranges. Certains n'hésitent pas à penser qu'avec la pyramide tout est possible. L'auteur, vieil expérimentateur nous livre ici quelques-uns de ses "trucs" personnels. La lecture de ce livre vous étonnera et vous guidera efficacement . **Prix : 85 F**

MANUEL D'UTILISATION DE LA PYRAMIDE

Auteur : Pascal Perrot

Tout ce que vous avez toujours voulu savoir sur les pyramides sans oser le demander... sans qu'on ose vous le révéler. Voyance, magie, dédoublement, télépathie, magnétisme, méditation, programmation des cristaux, radiesthésie, radionique. Découvrir ses vies antérieures. La pyramide permet d'épanouir votre potentiel humain. Avec de nombreuses expériences. **Prix : 90 F**

GUIDE PRATIQUE DE MAGNÉTISME CURATIF

Auteur : J.L. Caradeau

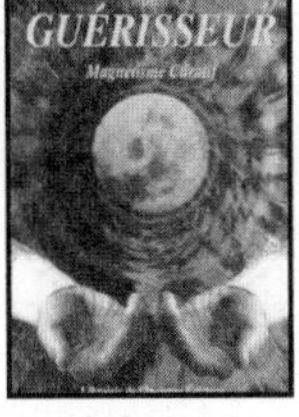

Si vous croyez que le magnétisme est un don, alors soyez persuadé que la musique, les mathématiques, la littérature, la mécanique... sont également des dons. **Le magnétisme est une possibilité de l'être humain comme les autres.** Ce livre vous invite à découvrir cette possibilité et à en tirer le meilleur parti, non seulement pour guérir ou soulager, mais aussi pour affirmer votre personnalité, agir à distance, vivre mieux avec les autres. **Découvrez votre propre magnétisme grâce à des exercices simples. Prix : 130 F**

LivreS UtileS

NOUVEAU GUIDE DE MAGNÉTISME ET DE SOPHROMAGNÉTISME

Auteur : Charly Samson

Tout un enseignement "à la portée de tous". L'auteur indique comment : - se mettre et mettre les autres en condition favorable d'émission ou de réception du magnétisme - utiliser les mains par des passes, des impositions, et des touchers - utiliser le regard, le souffle et la voix - maîtriser et développer la force de la pensée et la visualisation - magnétiser à distance et utiliser des ondes de formes, etc... Le sophromagnétisme permet de maîtriser et de faire maîtriser aux autres "des énergies pour mieux vivre", s'épanouir et rayonner. L'harmonie créée entre celui qui sait pratiquer le sophromagnétisme et toute autre personne, ainsi que, chez cette dernière, entre sa conscience globale, son mental et son corps, permet d'utiliser très efficacement l'action de cette énergie appelée "magnétisme". Cet ouvrage est un élément essentiel et indispensable à tous ceux qui pratiquent le magnétisme ou désirent le pratiquer. Ils y trouveront un instrument de développement pour eux-mêmes et pour les autres : suppression du trac, du stress, des anxiétés, des angoisses, des états dépressifs, etc... et de leurs lourdes conséquences. Rétablissement de la confiance en soi. Possibilité d'imposer sa personnalité et de développer son influence et son charisme. Mieux vivre et réussir, rayonner et être capable d'apporter aux autres une aide ponctuelle ou de les aider à prendre un nouveau départ dans leurs relations familiales, professionnelles et sociales par une harmonie de l'esprit et du corps. C'est tout cela qui vous est offert par le sophromagnétisme. **Prix : 140 F**

Achevé d'imprimer sur les presses
d'Europe Media Duplication S.A.
F 53110 Lassay-les-Châteaux
N° 3849
Dépôt légal : 2è trimestre 1995